JN270523

簡単マスター

はじめての水草ガーデニング

選び方・育て方から見せるレイアウト術、メンテナンスまで

高島実［文］ 佐々木浩之［写真］

成美堂出版

CONTENTS

Part 1 5
最新トレンド
水草水槽ベストレイアウト術

- ◆ 素敵な「水中花壇」 6
- ◆ 繁茂とスペースの妙 8
- ◆ 奥に広がる「緑の丘」 10
- ◆ 魚も楽しい「光と泡の世界」 12
- ◆ 軽やかな浮き草を楽しむ 14
- ◆ 輝くパール・グラスの森 16
- ◆ 緑だけのきれいな水景 18
- ◆ 珍種の有茎ジャングル 20
- ◆ エンゼルが泳ぐ景色 22
- ◆ 密林のグラデーション 24
- ◆ ワイルド水草を楽しむ 26
- ◆ クリプトだけの風景 28
- ◆ 魅力の"ダッチ風" 30
- ◆ 水に浮く「雲の絨毯」 32
- ◆ 倒木で遊ぶ小川の魚 34
- ◆ 美しき「水中庭園」 36
- ◆ 薄明かりの原生林 38
- ◆ すばらしい南国の小川 40

Part 2 43
はじめてでも簡単！
水草水槽のセッティング

- *STEP 1* 水草の情報を集める 44
- *STEP 2* 水草水槽におすすめの熱帯魚 46
- *STEP 3* 水草水槽グッズの選び方 48
- *STEP 4* 水草水槽のセッティング 58
- *STEP 5* 水草の選び方と購入方法 64
- *STEP 6* 水草の下準備PART1 66
- *STEP 7* 水草の下準備PART2 72
- *STEP 8* 水草のレイアウト 78

Part 3 85
水草ガーデニングにぴったり！
世界の水草カタログ145種

- *ACT 1* 初級・中級者向け水草編 86
- *ACT 2* 上級者向け水草編 108

簡単マスター **はじめての水草ガーデニング**

Part 4　125

水草水槽に断然おすすめ!
ジャンル別熱帯魚カタログ64種

- *ACT 1* メダカの仲間　126
- *ACT 2* カラシンの仲間　128
- *ACT 3* コイ・ドジョウの仲間　132
- *ACT 4* シクリッドの仲間　134
- *ACT 5* アナバスの仲間　136
- *ACT 6* ナマズの仲間　138
- *ACT 7* レインボーフィッシュ・その他の仲間　140

Part 5　143

水草ガーデニングをより楽しむために
水草水槽のメンテナンス

- *STEP 1* メンテナンスのカギは"水"　144
- *STEP 2* 肥料の選び方と与え方　146
- *STEP 3* こけの発生と対策　150
- *STEP 4* 水草のトリミング　154
- *STEP 5* 水換えとフィルターの洗浄　158
- *STEP 6* 水草の殖やし方　162
- *STEP 7* 水草の病気と対策　166

はじめてでもだいじょうぶ
完全版 水草ガーデニング用語解説　168

水草＆熱帯魚INDEX　173

水草ガーデニングQ&A
＜水草ガーデニングを始める前の疑問編＞ 42

水草ガーデニングQ&A
＜日ごろのメンテナンスの疑問編＞ 84

水草ガーデニングQ&A
＜こけ対策や掃除の疑問編＞ 124

水草ガーデニングQ&A
＜水草のコンディションの疑問編＞ 142

はじめに　4

はじめに

　緑の少ない現代の生活では、インテリア感覚で部屋にちょっとした植物を置く人が多いようである。しかし、それはただのインテリアというだけにとどまらず、ストレス社会の現代人に、大いなる安らぎを与えてくれるのだ。
　そんな癒し系の植物にはさまざまなものがあるが、なかでも水草は最も安らぎを与えてくれる存在といえるだろう。それは、人間にとって大切な緑と水のふたつを、同時に感じることができるからではないだろうか。テレビなどで水中に揺らめく水草を見たりすると、ほっとした気持ちになるのはそのためだろう。
　こうした"自然"が自分の家にあったら、どんなに楽しいだろうか。それを現実にしてくれるのが、まさに水草の世界なのである。ただし、水草のレイアウトは、すばらしいインテリアとして部屋を華やかにしてくれるが、同時に生き物だということも忘れないでほしい。水草も猫や犬などのペットを飼うのと同じように、強い責任感をもって育てることが大切なのである。
　そんなすばらしい水草の世界だが、未経験者からみると少々とっつきにくい存在のようである。熱帯魚を飼育したことがある人でさえ、"水草レイアウト"と聞くと「維持がむずかしい」といった答えが返ってくる。というのは、ひと昔前まで、水草を状態よく長期間維持するのはとてもむずかしいことだったからだ。
　また、水草の存在は魚の脇役であることが多く、飼育する魚種に合わせて、魚のために水草を植えるのがほとんどだったということも、なかなかメインになれない一因になっていた。やはり水草は二の次だったのだ。
　しかし、時代とともに水草の魅力や重要性の高まりによって、水槽の主役の座に上ってくると、それにともないフィルターやCO_2添加器具、底床や肥料といった飼育関連器具が飛躍的に進歩してきた。そして現在、誰もが比較的容易に楽しめる存在になったのである。
　ただし、いくら発展した飼育器具を使用していても、間違った使い方をしては、すばらしい水草ガーデニングも満足できるものにはならない。本書では水槽のセッティングから日常のメンテナンスまでを、カラーページでわかりやすく解説し、これから水草ガーデニングを始める人の、よいアドバイザーとなれるよう心がけて製作した。ぜひ、水草の世界のすばらしさをみなさんも味わっていただきたい。きっと水草に感動し、のめり込んでしまうにちがいない。

高島　実◆佐々木浩之

Part 1 最新トレンド

水草水槽ベストレイアウト術

水草をメインに熱帯の水中を再現する水草水槽のレイアウト。
魚はあくまでも水草を引き立てるバイプレーヤー。
日常にはない大自然の空間を、心おきなく楽しめるのがいい。

素敵な「水中花壇」

繁茂とスペースの妙

奥に広がる「緑の丘」

魚も楽しい「光と泡の世界」

AQUARIUM DESIGN 1

パール・グラスの繊細さで演出
素敵な「水中花壇」

段差を使ったレイアウトで、遠近感を上手に醸し出す。

　小型の水草のパール・グラスをメインにレイアウトした水槽である。このパール・グラスはとても繊細で、群生させてはじめてその美しさがわかる水草だ。そこで、45cmの小型水槽にひな壇を作って遠近感を出している。

　この作品のひな壇は流木をうまく使っており、水槽中央で区切るように数本の流木を積み重ねて配置されている。また、中央にあるミクロソリウムも流木に活着している。

　このほかにもひな壇の作り方にはいろいろな方法があり、アクリル板を使えば応用がきくだろう。手先が器用であればアクリル板を火であぶって、さまざまな形にできるし、シリコンで小石などをつけたりすると、とても美しいひな壇を作ることができる。写真はトリミング前だが、トリミングを行えばさらに美しい水槽になるだろう。

ONE POINT　細かい水草をメインにした水景は日々のトリミングが大切。トリミングを繰り返すことによって、頂芽がいくつにも分かれてこんもりとした水景になる。

最新トレンド
水草水槽ベストレイアウト術 Part 1

Aquarium Design

以前に比べて育成が容易になったパール・グラスは、繊細なレイアウトを作製するには欠かせない水草のひとつ。

丈夫なミクロソリウム・プテロプスはレイアウト水槽によく使われる。ナロータイプもよく知られている。

SIZE 45cm

水槽の真上から見たレイアウト図

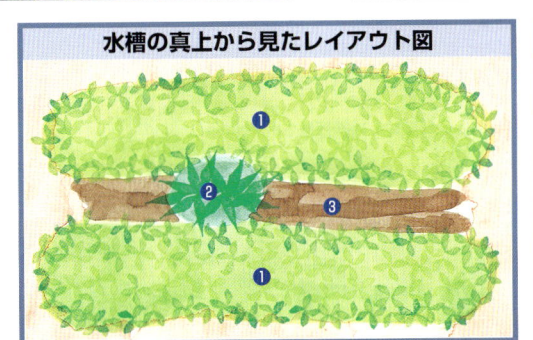

落ち着いた色合いが美しいエンペラー・テトラは、レイアウト水槽によく合う。

使用アイテム（水草・流木・石など）

1 パール・グラス
2 ミクロソリウム・プテロプス
3 流木

水槽レイアウトデータ

水槽サイズ(mm)	450mm×360mm×300mm
水温	25℃
pH	6.5
底床	プラントサンド
照明	15W×3
フィルター	エーハイム2213×1台
魚	エンペラー・テトラ
	ヤマトヌマエビ

*pHは7.0を中性として、それより数値が高い場合はアルカリ性、低い場合は酸性

7

AQUARIUM DESIGN 2

魚が遊べる広い空間を演出
繁茂とスペースの妙

トリミングの頻度が少なく、初心者でも楽なのがいい。

　この作品は水槽中央にウィローモスつき流木を配置し、前景草にエキノドルス・テネルスを使った構成になっている。

　前景にエキノドルス・テネルスが繁茂しているため、手前に空間があり遠近感が出ている。また、水槽の左側にはベトナム・スプライトなどの水草が多く植えてあり、重心を左側に寄せたレイアウトになっている。

　ここで使われているスプライトはベトナム産なので、葉の切れ込みが細かくなっていてとても美しい。このタイプのスプライトも現在ではポピュラーで、どこのショップでも売られているので、容易に入手できるだろう。

　有茎草が多く植えられているが、比較的成長の遅い種類が多いため、それほど頻繁にトリミングをしなくてもよい。したがって、比較的維持が容易な水槽といえる。

ONE POINT　流木につけたウィローモスは、成長しすぎるとはがれてしまうので、こまめにトリミングをする。もしはがれてしまったら、新たにしばり直すこと。

最新トレンド
水草水槽ベストレイアウト術 Part 1

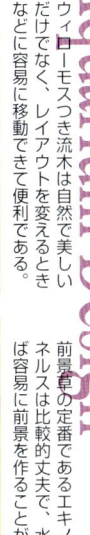

Aquarium Design

ウィローモスつき流木は自然で美しいだけでなく、レイアウトを変えるときなどに容易に移動できて便利である。

前景草の定番であるエキノドルス・テネルスは比較的丈夫で、水槽になじめば容易に前景を作ることができる。

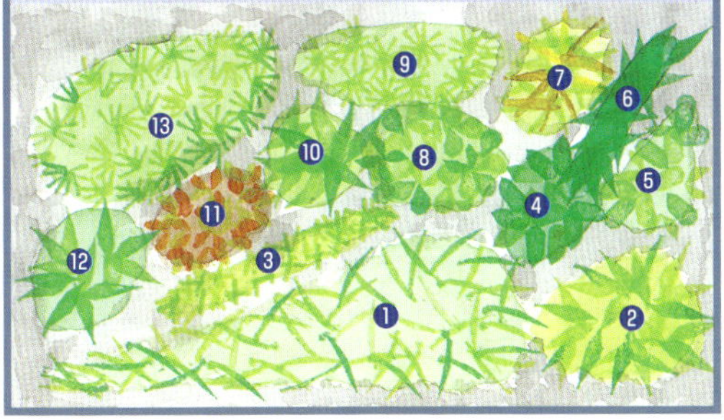

深裂葉が美しいベトナム・スプライトだが、エビに有害な毒をもっているので、エビがいる水槽には使えない。

SIZE 60cm

水槽の真上から見たレイアウト図

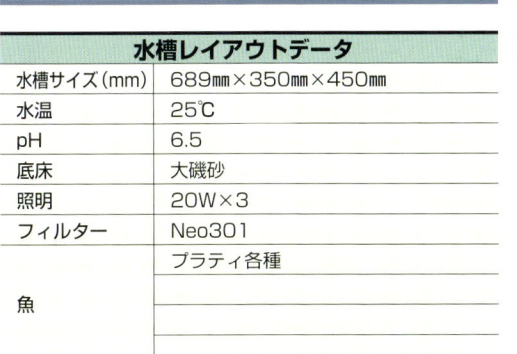

水槽レイアウトデータ

水槽サイズ(mm)	689mm×350mm×450mm
水温	25℃
pH	6.5
底床	大磯砂
照明	20W×3
フィルター	Neo301
魚	プラティ各種

使用アイテム（水草・流木・石など）

1	エキノドルス・テネルス
2	ラージリーフ・ハイグロフィラ
3	ウィローモスつき流木
4	アヌビアス・ナナ "マーブル"
5	グリーン・アマニア
6	ミクロソリウムつき流木
7	アマニア・グラキリス
8	ルドウィジア・レペンス
9	マヤカ・フルビアテリス
10	ラージリーフ・ハイグロフィラ
11	ロタラ・インディカ
12	クリプトコリネ・ウエンティ
13	ベトナム・スプライト

*pHは7.0を中性として、それより数値が高い場合はアルカリ性、低い場合は酸性

AQUARIUM DESIGN 3

深紅のタイガーロータスがポイント
奥に広がる「緑の丘」

水草を水槽中央に多く植え、立体感を演出。

　比較的大きくなる水草を主体に、構成されたレイアウト水槽である。ウィステリアなどの深裂葉をメインに使っているので、大きいながらも繊細な印象があり、中央寄りの左側に深紅色のタイガーロータス"レッド"がポイントになっている。

　このレイアウトの最大の特徴は、水槽の中心部に多くの水草が植えられているために、60cm水槽にもかかわらず、とても奥行きのある水槽に見えることである。

　また、中央の水草はこまめにトリミングをしなければならないので、少し楽をするためにも、両サイドには成長の遅いエキノドルスsp.やミクロソリウム"ウィンドローブ"を使用している。写真は少し伸びてしまっているが、トリミングを行えばさらに美しいレイアウトになることだろう。

ONE POINT　両サイドはそれほどでもないが、中央部には成長の速い水草が植えられているので、最低でも10日に一度はトリミングを行いたい。

最新トレンド
水草水槽ベストレイアウト術 Part 1

Aquarium Design

大型の水草のジャイアント・アンブリアだが、環境が合わないと溶けるように枯れたり、水上葉を出したりする。

正体不明のエキノドルスの一種で、細い葉が特徴の水草である。レイアウトには前景から中景によく使われる。

SIZE 60cm

水槽の真上から見たレイアウト図

深裂葉が特徴のウィステリアは、古くからレイアウトに使われている。入手も容易である。

水槽レイアウトデータ	
水槽サイズ(mm)	689mm×350mm×450mm
水温	25℃
pH	6.5
底床	プラントサンド
照明	20W×3
フィルター	Neo301
魚	グッピー各種
	ハセマニア
	パロトキンクルス・マクリカウダ
	ヤマトヌマエビ

*pHは7.0を中性として、それより数値が高い場合はアルカリ性、低い場合は酸性

使用アイテム(水草・流木・石など)

1 エキノドルスsp.
2 ヘテランテラ
3 タイガーロータス "レッド"
4 ジャイアント・アンブリア
5 ミクロソリウム "ナローリーフ"
6 マヤカ・フルビアテリス
7 ウィステリア
8 ロタラ・マクランドラ
9 ミクロソリウム "ウィンドローブ"
10 流木

11

AQUARIUM DESIGN 4

リシアを上手に使ったレイアウト
魚も楽しい「光と泡の世界」

ヘアー・グラスとリシアの絶妙なマッチング。

　リシアを中心に作られた美しいレイアウトで、後方のオランダ・プラントの赤が、じつによいアクセントになっている。左方向にはヘアー・グラスが植えてあるが、この水草はリシアとよく合うため、リシアを使用したケースでは組み合わせることが多いものだ。

　本来、リシアは水面に浮いて成長するこけの仲間であるが、このように物にしばりつけて沈めても成長するので、その性質を利用したレイアウトになっている。状態のよいリシアは、水中で活発に光合成を行い、無数の空気の泡をつけてとても美しく、人気も高い。

　リシアを上手に育成させるためには、高光量とCO_2が絶対条件。ただし、本来は水面に浮いて育つので浮力が高く、しばり方が悪かったり大きすぎたりすると浮いてしまうので、そうなる前にやり直したほうがよい。

ONE POINT　このレイアウトのポイントは、リシアをしばるときに、浮きにくくするために、下地に必ずウィローモスを敷いてその上にリシアを乗せてしばることである。

最新トレンド
水草水槽ベストレイアウト術 Part 1

Aquarium Design

SIZE 60cm

成長した株は、じつにみごとになるオランダ・プラント。トリミングを行うことで、何本にも分かれて、さらにみごとな株になる。

ヘアー・グラスとよばれる水草には数種あり、ここで使われているものはやや大型になるタイプ。入手も容易で、おもに前景草として使われる。

水槽の真上から見たレイアウト図

細葉のエキノドルス・ラティフォリアは、中景から後景で使用するとよいだろう。

水槽レイアウトデータ	
水槽サイズ(mm)	600mm×360mm×300mm
水温	25℃
pH	6.0
底床	ADA・アマゾニア
照明	20W×3
フィルター	エーハイム2213×1台
魚	キンセン・ラスボラ
	ゴールデン・バルブ

使用アイテム（水草・流木・石など）

1　グロッソスティグマ
2　リシア
3　パール・グラス
4　エキノドルス・ラティフォリア
5　レッドルブラ・ハイグロフィラ
6　ヘアー・グラス
7　オランダ・プラント

＊pHは7.0を中性として、それより数値が高い場合はアルカリ性、低い場合は酸性

13

AQUARIUM DESIGN 5

珍しい食虫植物をうまく使って
軽やかな浮き草を楽しむ

濃い緑の水草には、明るい水草でバランスをとりたい。

　この作品は、水槽中央のクリプトコリネ・バランサエをポイントに構成したレイアウトである。また、この水槽はプロショップの展示水槽で、販売水槽を兼ねており、珍しい水草が多く植えてあるのも特徴。

　クリプトコリネ・バランサエは濃い緑の水草なので、後方や左にやや明るめの水草を植えることで、レイアウト全体に明るさをもたせている。

　水面に浮いている水草はタヌキ藻とよばれている食虫植物の仲間で、このように浮いて成長する。このタヌキ藻は、水質や環境が悪いと溶けるように枯れてしまうので注意が必要だ。また、水面に浮いているため、あまり多くなると陰になった下の水草が枯れてしまうので、ある程度の量を残してトリミングをし、間引くことがコツである。

ONE POINT　ソイル系の底床はpHが下がるものが多いので、pHショックを避けるために、一度に大量の水換えは避け、こまめに少量ずつ水換えをすることがポイントだ。

最新トレンド
水草水槽ベストレイアウト術 Part 1

Aquarium Design

ウトリクラリアsp.は、通称タヌキ藻とよばれている浮遊生の水草で、生態のおもしろい食虫食物である。

成長しても小型のクリプトコリネ"アミコルム"は、この仲間としては丈夫である。前景に適している。

SIZE 60cm

リムノフィラsp."サラワク"は、専門店でなければ入手できない珍しい水草。

水槽の真上から見たレイアウト図

水槽レイアウトデータ

水槽サイズ(mm)	600mm×360mm×300mm
水温	25℃
pH	5.5
底床	ADA・アマゾニアパウダー
照明	20W×3
フィルター	エーハイム2213×1台
魚	ビー・シュリンプ

使用アイテム（水草・流木・石など）

1	クリプトコリネsp."アミコルム"
2	ラージリーフ・ハイグロフィラ
3	リムノフィラsp."サラワク"
4	クリプトコリネ・バランサエ
5	ウィローモスつき流木
6	ウトリクラリアsp.
7	ロタラ・マクランドラsp."グリーン"
8	オランダ・プラント
9	ロタラ・マクランドラ
10	流木

＊pHを7.0を中性として、それより数値が高い場合はアルカリ性、低い場合は酸性

15

AQUARIUM DESIGN 6

1種の水草で作るシンプルな水槽
輝くパール・グラスの森

真っ赤なシュリンプが、グリーンのレイアウトに花を添える。

　人気の高いパール・グラスをメインに使ったレイアウトである。見た目には1種類の水草しか使っていないので簡単そうに思えるだろうが、このように密生させるのはとてもむずかしい。緑しかない水槽に、赤茶の岩が映えるレイアウトになっている。

　この水槽には、あえて魚を泳がせていないが、かわりに真っ赤なクリスタルレッド・シュリンプが、レイアウトに花を添えているのが特徴。このように、パール・グラスをレイアウトに使う場合は、カラシンなど、好んで葉を食べてしまう種も少なくないので、入れる魚にも注意したい。

　また、パール・グラスは成長が速いため、こまめなトリミングをしなければならない。トリミングにもコツがあり、庭の木を選定するように丸くカットすると写真のようになる。

ONE POINT　この作品のようにパール・グラスを多く使ったレイアウトは、遠近感や立体感を出すのがむずかしい。そこで、それをトリミングにより作り出すのがコツである。

最新トレンド
水草水槽ベストレイアウト術 Part 1

Aquarium Design

葉が細かいのが特徴で、繊細な感じを受けるパール・グラス。一度根付けばとても丈夫。

このレイアウトでは、とても重要なアクセントになっている赤茶の岩。岩をうまく使うときれいな水景が作れる。

SIZE 60cm

水槽の真上から見たレイアウト図

ビー・シュリンプの突然変異を固定して作られた、クリスタルレッド・シュリンプ。

水槽レイアウトデータ	
水槽サイズ(mm)	600mm×360mm×300mm
水温	25℃
pH	6.5
底床	大磯砂
照明	20W×3
フィルター	エーハイム2213×1台
魚	クリスタルレッド・シュリンプ

使用アイテム（水草・流木・石など）

1 パール・グラス
2 南米ウィローモスつき石
3 エキノドルス・バーシー
4 カモンバ・シルバーグリーン
5 赤茶の岩

＊pHは7.0を中性として、それより数値が高い場合はアルカリ性、低い場合は酸性

AQUARIUM DESIGN 7

水草の濃淡でレイアウトを表現
緑だけのきれいな水景

赤系水草を外し、シンプルでもコクのある水槽に。

　このレイアウトは、水草マニアが製作した作品である。あえて赤系の水草を抜き、緑系の水草だけを使って構成している。

　水槽右側には、深い透明感のある緑色をしたボルビディスや、エキノドルス・ホレマニー"グリーン"を使ってまとめている。水槽左側には明るめのブリクサを植え、中央部にはさらに明るい色合いのロタラsp."グリーン"を植えることで、水槽のバランスをうまくとっている。

　このように緑色の水草だけでも、色の濃淡を変えれば上手にレイアウトを作ることができるのである。また、有茎草が少なく、比較的こまめにトリミングをしなくてもすむような水草を使ってレイアウトしてあることも、この作品の特徴といえる。

ONE POINT　中景に使用する水草を、あえて前景に植えることで水槽中央に空間をもたせて、奥行きを出している。このレイアウトの特徴でもある色の濃淡の使い方をマスターすると、その後のレイアウトの幅も広がる。

最新トレンド
水草水槽ベストレイアウト術 Part 1

Aquarium Design

最近、育成も入手も容易になったエキノドルス・ホレマニー "グリーン"。レイアウトによく使われる人気種だ。

ロタラ sp. "グリーン"。ロタラ・ロトンディフォリアの色彩変異と思われるが、詳細は不明。

小型の印象が強いブリクサ "ショートリーフ"。うまく育った株は中景草としても使用できる。

SIZE **60cm**

水槽の真上から見たレイアウト図

水槽レイアウトデータ	
水槽サイズ(mm)	600mm×360mm×300mm
水温	25℃
pH	6.5
底床	大磯砂＋パワーサンド
照明	20W×4
フィルター	エーハイム2213×1台
魚	グリーン・バルブ
	ラスボラ・アクセルロディ
	ラスボラ sp. 数種
	ヤマトヌマエビ

使用アイテム (水草・流木・石など)	
1	ブリクサ "ショートリーフ"
2	エキノドルス・テネルス
3	ボルビディス・ヒデロッディー
4	ホウオウゴケ
5	エキノドルス・ホレマニー "グリーン"
6	キペルス・ヘルフェリー
7	タイガーロータス・グリーン
8	南米ウィローモスつき流木
9	ロタラ sp. "グリーン"
10	ハイグロフィラ・ヴィオラセア
11	エキノドルス・ウルグアイエンシス
12	ヘアー・グラス

＊pHは7.0を中性として、それより数値が高い場合はアルカリ性、低い場合は酸性

AQUARIUM DESIGN 8

トリミングを楽しめたら大成功
珍種の有茎ジャングル

珍しい有茎水草を多用した、凝ったレイアウトに挑戦。

　この作品はレイアウト兼、珍しい水草のコレクションを目的とした水槽。そのため、レイアウトを構成している水草も一般的な水草ではなく、多くが珍種になっている。水草に強い人でなければ、なかなかできないレイアウトといえる。

　珍種の水草は種類ごとに癖があるために育成難易度も高く、上手にレイアウトを作ることがむずかしいのである。このむずかしさを克服したら、水草の成長も速くなってトリミングの頻度も高くなるが、トリミングをするのが楽しくなるだろう。

　珍種の水草はレイアウトに使いづらい種類も多いので、コレクションして楽しみたい。また、この写真のように密に植えるには、予算的にも相当高額になるので、地道に殖やして楽しむとよいだろう。

ONE POINT　育成のむずかしい水草が多く、種類ごとに難易度も違うので、種類ごとの特徴を覚えて育成するのが、珍種の水草を育成するうえでのポイントだ。

最新トレンド
水草水槽ベストレイアウト術 Part 1

Aquarium Design

これが本当のタイガーロータス"レッド"。入手がむずかしく、とても貴重な水草である。

南米のマナウス近郊で採集されたポリゴナムsp."マナウスレッド"。ワインレッドの葉が特徴である。

西アジアのテヘランで、個人的な採集によってアクアリウムに導入された、テヘラン産のガガブタ。

SIZE **60**cm

水槽の真上から見たレイアウト図

水槽レイアウトデータ

水槽サイズ(mm)	600mm×450mm×450mm
水温	25℃
pH	5.0
底床	ADA・アマゾニア
照明	20W×4
フィルター	エーハイム2215×1台
魚	エンドラーズ・ライブベアラー
	アピストグラマ・ヴィエジタ
	ミゾレヌマエビ

＊pHは7.0を中性として、それより数値が高い場合はアルカリ性、低い場合は酸性

使用アイテム（水草・流木・石など）

1	パープルアマゾン・ハイグロフィラ
2	パンタナル・ツーテンプル
3	アマゾン・ハイグロフィラ
4	エキノドルス・テネルス"ピンク"
5	ブリクサsp."ショートリーフ"
6	南米・ニードルリーフ
7	ローライマ・バコパ
8	テヘラン・ガガブタ
9	タイガーロータス"レッド"
10	ジャンボ・ケヤリソウ
11	ロタラsp."サンパウロ"
12	リムノフィラsp."サラワク"
13	ハイグロフィラ・ヴィオラセア
14	パンタナル・クリスパ"レッド"
15	ポリゴナムsp."マナウスレッド"
16	ニムファ・ミクランサ

21

AQUARIUM DESIGN 9

あくまでも魚が主役のレイアウト
エンゼルが泳ぐ景色

空間を上手に作り、魚を引き立てるための工夫を。

　この作品は、水槽中央に大きく空間をとって、デュメリリィ・エンゼルの泳ぎを邪魔しないようなレイアウトに作り上げている。また、空間を確保するため、あまり多くの水草を入れられないので、1本でもボリュームのある水草を選んでいる。

　水景はエキノドルスとクリプトコリネがメインで、ロゼット種を中心に構成されたレイアウトになっている。このレイアウトでは比較的に成長が遅い水草が多いので、トリミングをさほど行わなくても水景を維持できる。時間がなく、トリミングがあまりできない人は、この水景のようにロゼット種を中心に構成すると、かなりの間トリミングをしなくてもすむだろう。また、大型に成長するエキノドルスを植える場合は、背の高い水槽で育てたほうが十分に迫力を引き出せる。

ONE POINT　60cm水槽でも奥行きと高さがあれば、十分に迫力のあるレイアウトが作れる。空間を多くとることで遠近間がより強調され、水槽が大きく見えるだろう。

最新トレンド
水草水槽ベストレイアウト術 Part 1

Aquarium Design

よく知られたエンゼル・フィッシュは種類の違う魚で、珍しい種のデュメリリィ・エンゼル。

小さな水草だが、古くからレイアウトによく使われてきた人気種のパール・グラス。

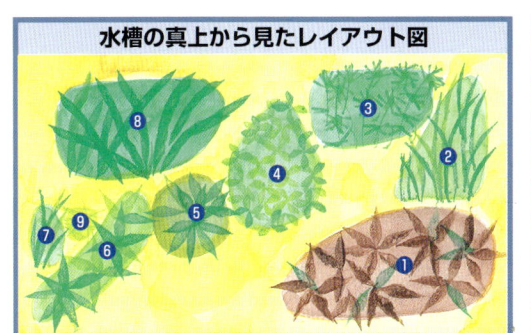

大型に成長し、おもにセンタープラントとして使われる、人気種のエキノドルス・ウルグアイエンシス。

SIZE 60cm

水槽の真上から見たレイアウト図

水槽レイアウトデータ

水槽サイズ(mm)	600mm×450mm×450mm
水温	25℃
pH	6.0
底床	プラントサンド
照明	20W×4
フィルター	エーハイム2215×1台
魚	デュメリリィ・エンゼル

使用アイテム（水草・流木・石など）

1. ポリゴヌムsp. "マナウスレッド"
2. エキノドルスsp. "136"
3. アフリカ・オテリア
4. パール・グラス
5. エキノドルス・ガブリエリ
6. クリプトコリネ・ウエンティー "グリーン"
7. エキノドルスsp.
8. エキノドルス・ウルグアイエンシス
9. ナヤス・コンフェルタ

＊pHは7.0を中性として、それより数値が高い場合はアルカリ性、低い場合は酸性

23

AQUARIUM DESIGN 10
大型の有茎種を使ったレイアウト
密林のグラデーション

前景から少しずつ、大型になる水草を植えていく。

　これは専門店の水草販売水槽のレイアウトである。トリミング前でやや水草が伸びているのが気になるところだが、上手にカットして全体的に詰めてやれば、きれいなレイアウトになるはずだ。

　さすがは水草に強い専門店の水槽だけに、レイアウトに植えてある水草は、一般のショップではなかなか見かけることのできない種類が多い。このようなマニアが好む水草は、比較的レイアウトを作りにくいのだが、うまく水草の性質をつかんでレイアウトされている。プロならではの、凝った水槽といえるだろう。

　また、後方に植えてあるオランダ・プラントも、通常のタイプと異なる、やや大型に成長する種類を使うなど、こだわりの水草を使ったレイアウトになっている。

ONE POINT　比較的育成のむずかしい水草でレイアウトを作って維持するには、水換えなどでpHが変わらないよう、水質調整した水で交換することがコツである。

最新トレンド

水草水槽ベストレイアウト術 Part 1

Aquarium Design

通常のアルアナン産のケヤリ草に比べ、2倍ほどに成長する大型種のジャンボ・ケヤリ草。育成はむずかしい。

水草ブームの火つけ役だった、人気の水草トニナ・フルビアテリス。最近では入手、育成ともに容易になった。

SIZE 60cm

紅紫色の葉が特徴で、ヘミグラフィスの仲間では珍しく、完全水中葉を出す珍種のパンタナル・ヘミグラフィス。

水槽の真上から見たレイアウト図

水槽レイアウトデータ

水槽サイズ(mm)	600mm×450mm×450mm
水温	25℃
pH	6.0
底床	ADA・アマゾニア
照明	20W×4
フィルター	エーハイム2215
魚	グローライト・テトラ
	アピストグラマsp."ロートカイル"

＊pHは7.0を中性として、それより数値が高い場合はアルカリ性、低い場合は酸性

使用アイテム（水草・流木・石など）

1	アマゾン・ハイグロフィラ（マナウス産）
2	アラグアイア・レッドロタラ
3	ブリクサsp."ホーチミン"
4	インド・ジャイアントアンブリア
5	ヒドリラsp."ボルネオ"
6	リムノフィラsp."サラワク"
7	トニナ・フルビアテリス
8	ハイグロフィラsp."マットグロッソ"
9	ポリゴナムsp."ピンク"
10	ジャンボ・ケヤリ草
11	エウストラリスsp."ダッセン"
12	インディアン・ドワーフテンプル
13	西洋アンブリア
14	パンタナル・ヘミグラフィス（別タイプ）
15	流木

25

AQUARIUM DESIGN 11

とりどりの葉形で水槽を賑やかに
ワイルド水草を楽しむ

この水景を維持するためには、3日に一度のトリミングを。

　この作品も水草に強い専門店の販売兼、レイアウト水槽。珍種の水草の中でも、レイアウトに使える水草を選んで作られている。

　一時期、それまで知られていなかった南米産の水草が多く採集・輸入された。これは、コレクション的に集めているマニアにはよいのだが、いざレイアウトに使ってみると、形にならない水草が多かったことも事実だ。しかし、専門店ではこのような珍しい水草の中から、実用性の高い種類を探し集めることに成功し、その結果、使える水草が普及してきたのである。

　この水槽のように有茎種ばかりで構成したレイアウトは、3日おきくらいにトリミングをしないと、すぐに水景が乱れてしまう。こうした水槽は時間に余裕のある人や、まめな人にしかできないレイアウトかもしれない。

ONE POINT　南米産のワイルド水草で作るレイアウトは、プロでもなかなかむずかしい。まずは使えそうな水草を選ぶことが、珍種の水草レイアウトを作るポイントである。

最新トレンド 水草水槽ベストレイアウト術 Part 1

Aquarium Design

淡い赤紫色の葉が特徴のパンタナル・ヘミグラフィス（別タイプ）。ある程度本数を植えると見栄えがよい。

葉全体に細かいウエーブが入る、風変わりなハイグロの仲間のパンタナル・ウェービーハイグロ。

派手な色をしたポリゴヌムで、レイアウトのアクセントには最高のサンフランシスコ・ポリゴヌム"レッド"。

SIZE 60cm

水槽の真上から見たレイアウト図

水槽レイアウトデータ

水槽サイズ(mm)	600mm×450mm×450mm
水温	25℃
pH	5.5
底床	ADA・アマゾニア
照明	20W×4
フィルター	エーハイム2215×1台
魚	ハイフェソブリコンsp.
	オトシンクルス
	ミゾレヌマエビ

※pHは7.0を中性として、それより数値が高い場合はアルカリ性、低い場合は酸性

使用アイテム（水草・流木・石など）

1	エキノドルスsp."テネルス・ピンク"
2	パンタナル・ガガブタ
3	ブラジリアン・フライジャイルプランツ
4	カモンバ"シルバーグリーン"
5	パンタナル・ウェービーハイグロ
6	サンフランシスコ・ポリゴヌム"レッド"
7	アラグアイア・ハイグロフィラ"レッド"
8	ニムファ・ミクランサ
9	パンタナル・ヘミグラフィス
10	ローライマ・カモンバ
11	ハイグロフィラ・ヴィオラセア
12	リムノフィラsp.・スリランカⅡ
13	パンタナル・ツーテンプル
14	ギムノコリスsp."ゴヤス"
15	ロタラsp."サンパウロ"

AQUARIUM DESIGN 12

シンプルでゴージャスなレイアウ
クリプトだけの風景

完成までに時間がかかるので、長期的展望に立った管理が必要。

　クリプトコリネだけで構成されたレイアウト水槽である。この水槽は、セットしてから2年以上ほとんどレイアウトを変えずに維持している。逆に、水草の成長が遅いので、このようなレイアウトになるまでには相当な時間を要するのだ。

　クリプトコリネでレイアウトを作る場合のコツは、一度植えた株は移植をしないようにすることと、水換えのペースを守ることだ。

　水換えの時期や方法が悪いと、クリプトコリネ特有の溶けが発生することがあり、前日まできれいだった水草が、たったひと晩で見るに耐えないほどに溶けてしまっていることがよくある。この溶けを防ぐには、定期的な水換えと、水槽の水質と水換え用の水質とを正確に合わせることが、とても重要である。

ONE POINT　レイアウトを作るときに、植えたいクリプトをいっきに植えることが成功の近道。あとから足すと、そのクリプトが溶け出して、せっかく成長した株までだめにすることがよくあるからである。

最新トレンド **水草水槽ベストレイアウト術** Part 1

Aquarium Design

比較的コンスタントに入荷するワイルド・クリプトで、育成も容易なクリプトコリネ・ポンテデリフォリア。

どこのショップでも売られている人気種で、入門種でもあるクリプトコリネ・ウエンティー"グリーン"。

SIZE 60cm

水槽の真上から見たレイアウト図

小型のクリプトで前景草として人気が高いクリプトコリネsp."アミコルム"。

水槽レイアウトデータ	
水槽サイズ(mm)	600mm×450mm×450mm
水温	25℃
pH	6.5
底床	プラントサンド
照明	20W×3
フィルター	エーハイム2215×1台
魚	プンティウスsp.
	オトシンクルス
	ミゾレヌマエビ

*pHは7.0を中性として、それより数値が高い場合はアルカリ性、低い場合は酸性

使用アイテム（水草・流木・石など）	
1	クリプトコリネ・ウエンティー"グリーン"
2	クリプトコリネ・ウエンティー"トロピカ"
3	クリプトコリネ・アフィニス
4	クリプトコリネ・ポンテデリフォリア
5	クリプトコリネ・バランサエ
6	クリプトコリネ・ウイリィシー
7	クリプトコリネ・ウエンティー"レッド"
8	クリプトコリネsp."アミコルム"
9	クリプトコリネ・クリスパチュラ
10	クリプトコリネ・アポノゲフォリア
11	クリプトコリネ・ウンデュラータ
12	流木

AQUARIUM DESIGN 13

挑戦意欲を刺激するレイアウト
魅力の"ダッチ風"

隙間なく水草を植えるのが、ダッチ・レイアウトの基本。

　ヨーロッパで一時期人気のあったダッチ・レイアウトとよばれるもので、なかなか高度なレイアウトである。写真のような水景を維持することはむずかしく、高い技術が必要とされる。しかし、水草を水槽一面に密に植え、斜めにラインをとって植えると、きれいに仕上げることができる。

　前景草に使っているロベリア・カージナリスは、ひと昔前に人気のあった水草であるが、育てるのはやさしくはない。しかし、ミクロソリウムやアヌビアスを多く使っており、ダッチ・レイアウトにしては管理が楽になるように考えられた作品といえるだろう。

　こうしたレイアウトを作るときは、あまり多くの種類を使うとメンテナンスが大変になるので、種類を少なくして、1種類の水草の量を多くするとうまくいくはずだ。

ONE POINT　管理を楽にするには、写真のように有茎種の種類を少なくするとよい。時間のない人でも、ダッチ風のレイアウトが簡単に楽しめるだろう。

最新トレンド
水草水槽ベストレイアウト術 **Part 1**

Aquarium Design

ダッチ風のレイアウトが流行したときに定番だった水草で、人気種のロベリア・カージナリス。

写真のように隙間なく水草を植えるのが、ダッチ風のレイアウトの基本である。

SIZE 90cm

水草では古くから知られている仲間だが、いまだに人気の高いウィステリア。どんなレイアウトでもよく合う。

水槽の真上から見たレイアウト図

水槽レイアウトデータ

水槽サイズ(mm)	939mm×450mm×510mm
水温	24℃
pH	6.5
底床	大磯砂+パワーサンド
照明	32W×4
フィルター	Neo501
魚	アフリカン・ランプアイ
	オトシンクルス
	ヤマトヌマエビ

使用アイテム（水草・流木・石など）

1	アヌビアス・バルテリー "バリエガーター"
2	ミクロソリウム・プテロプス
3	ルドウィジア・レペンス
4	アルテルナンテラ・カージナリス
5	バコパ・カロリアナ
6	ロベリア・カージナリス
7	ディディプリス・ディアンドラ
8	ウィステリア
9	アポノゲトン・ウルバケウス
10	アヌビアス・バルテリー
11	チェーン・アマゾン
12	ハイグロフィラ・コリンボーサ

*pHは7.0を中性として、それより数値が高い場合はアルカリ性、低い場合は酸性

AQUARIUM DESIGN 14

日々変わる水槽の表情を楽しむ
水に浮く「雲の絨毯（じゅうたん）」

浮力を抑えることが、レイアウトにリシアを使うためのコツ。

　この水槽は、リシアをメインに作られたレイアウトになっている。リシアはもともと水面に浮いて生息しているのだが、それをむりやり沈めてレイアウトを作るのである。そのため石などにウィローモスをつけ、その上にリシアをのせ、しばって育成する。

　ただし、成長したリシアは光合成をして空気の泡を抱くため、さらに浮力が増して浮きやすくなるので、レイアウトを維持するには上記の写真程度が限界である。これ以上成長したら、しばり直したほうがよいだろう。

　リシアを使ったレイアウトはいまだに人気が高く、気泡をいっぱいにつけたリシアのレイアウトを見たいと、がんばって水草水槽を作っているファンも多いのである。まだ作ったことのない人は、一度試してみてはいかがだろうか。

ONE POINT　リシアは浮きごけの仲間なので、すぐに水面に浮きあがる性質をもっている。そのためウィローモスに絡ませるなどして、浮力を抑えるのがコツである。

最新トレンド
水草水槽ベストレイアウト術 Part 1

Aquarium Design

浮遊性のこけの仲間で、黄緑色が美しい人気種のリシア。沈水タイプのリシアも存在する。

葉が寝そべる水草で、前景草に使われることが多いニュー・パールグラス。専門店で入手できる。

SIZE 90cm

人気の水草で、じつに美しいトニナ・フルビアテリス。レイアウトにとても使いやすい。

水槽の真上から見たレイアウト図

水槽レイアウトデータ	
水槽サイズ(mm)	939mm×450mm×510mm
水温	24℃
pH	6.0
底床	プラントサンド
照明	32W×4
フィルター	Neo501・Neo301
魚	オトシンクルス
	ヤマトヌマエビ

*pHは7.0を中性として、それより数値が高い場合はアルカリ性、低い場合は酸性

使用アイテム（水草・流木・石など）

1. クリプトコリネ・ヒュードロイ
2. リシアつき流木
3. ニードルリーフ・ルドウィジア
4. エキノドルス・ホレマニー
5. オランダ・プラント
6. マヤカ・フルビフォリア
7. グロッソスティグマ
8. ニュー・パールグラス
9. トニナ・フルビアテリス

AQUARIUM DESIGN 15
初心者が手本にしたいレイアウト
倒木で遊ぶ小川の魚

流木と空間を上手に使って、立体感を出す。

初心者がこれからレイアウトをするなら、まずこのようなシンプルにまとめあげたレイアウトから始めるとよいだろう。丈夫な水草を中心に、多くの種類を入れなくても、これだけきれいなレイアウト水槽を作ることができるというよい見本である。

写真のように、赤い色の水草をポイントに植えるだけで水槽がかなり華やかになり、レイアウト全体に締まりが出ている。

ただし、シンプルな水槽といっても、やはり頻繁にトリミングを行って水草のバランスをとってやらなければ、すぐに醜い水槽になってしまうだろう。

この水槽は誰にでも簡単にまねができるように、ウィローモスつきの流木を多用し、レイアウトのバランスがとりやすいように考えられた水槽になっていることが特徴である。

ONE POINT シンプルなレイアウトだけにトリミングをまめに行い、美しい状態を維持することが重要。ウィローモスもきちんとトリミングすることが美しさのポイントだ。

最新トレンド 水草水槽ベストレイアウト術 Part 1

Aquarium Design

SIZE 90cm

ウィローモスつき流木。このように流木に活着させると、レイアウトを直す際も移動が容易になる。

とても丈夫で、人気のあるシダの仲間のミクロソリウム・プテロプス。ただし高水温には弱い。

前景草として古くから使用されている、人気種のピグミー・サジタリア。

水槽の真上から見たレイアウト図

水槽レイアウトデータ

水槽サイズ(mm)	900mm×450mm×450mm
水温	24℃
pH	6.0
底床	プラントサンド
照明	30W×4
フィルター	エーハイム2213×2台
魚	ファイヤー・ラスボラ
	ラスボラsp.
	オトシンクルス
	ヤマトヌマエビ

＊pHは7.0を中性として、それより数値が高い場合はアルカリ性、低い場合は酸性

使用アイテム（水草・流木・石など）

1. エキノドルス・テネルス
2. ウィローモスつき流木
3. ミクロソリウム・プテロプスつき流木
4. ロタラ・ワリッキー（リスのしっぽ）
5. アルテルナンテラ・レインキー
6. スリーテンプル・プラント
7. パール・グラス
8. ピグミー・サジタリア
9. 流木

35

AQUARIUM DESIGN 16
ウィローモスを上手に使った水槽
美しき「水中庭園」

渋めの水槽は一見簡単そうでも、センスのよしあしが問われる。

ここに登場するレイアウト水槽は、じつにうまく作られたレイアウトなので、このような水槽に仕上げることを目標に挑戦したい好例といえる。

この作品はプロが作ったものなのだが、さすがにウィローモスがうまく使いこなされており、誰が見てもすばらしいといえるものに仕上がっている。このようにウィローモスを活着させた石や流木をうまく使えば、レイアウトの幅が広がり、渋めの水槽を作ることも可能だ。ただし、ウィローモスを使いすぎると、渋くなりすぎて水槽全体が暗くなってしまうので、色の違う水草を植えて、少し華やかにするとよいだろう。

このレイアウトは一見簡単そうに思えて、じつはセンスの問われる高度なレイアウトなのである。

ONE POINT 水槽全体が暗くならないように、少し明るめの水草をいっしょに植えるとよい。そしてウィローモスも確実にトリミングを行い、形よく仕上げるのもコツ。

最新トレンド
水草水槽ベストレイアウト術 Part 1

Aquarium Design

ウィローモスとヤマトヌマエビ。ウィローモスは糸状のこけがつきやすいが、エビを入れて対処する。

SIZE 90cm

グロッソスティグマは本来有茎草だが、条件が合うと、地を這うように成長するため前景草にもなる。

水槽の真上から見たレイアウト図

タイガーロータス"レッド"。写真の葉は個体差でかなり赤いが、通常はもう少し薄い色をしている。

水槽レイアウトデータ

水槽サイズ(mm)	900mm×450mm×450mm
水温	26℃
pH	6.0
底床	ADA・アマゾニア
照明	30W×4
フィルター	エーハイム2217
魚	レインボー・テトラ
	ヤマトヌマエビ

使用アイテム（水草・流木・石など）

1	クリプトコリネ・ウィリシィ
2	グロッソスティグマ
3	チェーン・アマゾン
4	アヌビアス・ナナ
5	ウィローモス付き流木
6	タイガーロータス"レッド"
7	エイクホルニア・ディバーシフォリア
8	ジャイアント・アンブリア
9	ラージーリーフ・ハイグロフィラ
10	NEW・オランダプラント
11	アマゾン・チドメグサ

＊pHは7.0を中性として、それより数値が高い場合はアルカリ性、低い場合は酸性

AQUARIUM DESIGN 17

色の濃い、渋めの水系をイメージ
薄明かりの原生林

赤い水草を使わず、シダの葉の変化で表情を演出。

　ジャングルの中を流れる薄明かりの小川をイメージさせるレイアウト。成長の遅いシダ類をメインに、メンテナンスを少なくするように考えられている。赤系の水草を使わず、シダ類の葉形が違うものでレイアウトに変化をつけている。流木を組み合わせてシリコンで止め、背面を隠すように基礎を作り、その流木にボルビディスやウィローモス、アヌビアスなどの水草を活着させて作られている。

水槽の真上から見たレイアウト図

ONE POINT 流木で基礎を作るときに、崩れないように流木をシリコンで止めるのがコツ。完全に乾いたら、シリコンの灰汁を取るため、必ず灰汁抜きを行うことが大切だ。

Part 1

Aquarium Design

SIZE 130cm

流木に水草が活着しているのがおわかりいただけるだろう。

流木に活着したアヌビアス。成長点を伸ばしたい方向に向けてつけるのがコツ。

うまく成長したウィローモス。育成条件で葉の伸び方に違いが出る。

水槽レイアウトデータ

水槽サイズ(mm)	1307mm×488mm×550mm
水温	26℃
pH	6.5
底床	大磯砂
照明	40W×4
フィルター	Neo301×2
魚	カラシンsp.
	ヤマトヌマエビ

使用アイテム（水草・流木・石など）

1. ウィローモスつき流木
2. アヌビアス・ナナつき流木
3. アヌビアス・ナナ"マーブル"つき流木
4. ミクロソリウム"ウィンドローブ"つき流木
5. ボルビティス・ヒデロッティつき流木
6. シウム・フロリダヌム
7. ミクロソリウム"トロピカ"つき流木
8. ジャイアント・バリスネリア

＊pHは7.0を中性として、それより数値が高い場合はアルカリ性、低い場合は酸性

AQUARIUM DESIGN 18

大型のエキノドルスがメイン
すばらしい南国の小川

**フィルターや照明などの器具は
能力の高いタイプが絶必。**

　専門店のメインレイアウト水槽で、南国の小川をそのまま切り取ってきたような、すばらしい作品。大きなエキノドルスがメインで、小型水槽では中景草の水草でも、この水槽では前景草として使われている。水景を維持するのが大変ではと、スタッフに尋ねてみると、「ほとんど毎日トリミングやメンテナンスをしている」とのこと。手間をかけなければきれいな水槽は維持できないのである。

水槽の真上から見たレイアウト図

ONE POINT　大型水槽では器具も特殊で、特にフィルターは、ろ過能力の高いものを使う。照明も、照度の高い水銀灯やメタハラ、ランプなどといった特殊な器具が必要である。

Part 1 Aquarium Design

SIZE 180cm

小型水槽では中景草の水草も、ここでは前景草として使える。

サンパウロ・レッドアンブリアは、緑色の水草の多い水槽では特に映える色合いである。

エキノドルス・ホレマニー"グリーン"は、透明感のある葉色が特徴。

水槽レイアウトデータ

水槽サイズ(mm)	1800mm×600mm×600mm
水温	24℃
pH	6.5
底床	大磯砂
照明	水銀灯135W×4灯
フィルター	エーハイム2250・エーハイム2260
魚	カラシンsp.
	ヤマトヌマエビ

＊pHは7.0を中性として、それより数値が高い場合はアルカリ性、低い場合は酸性

使用アイテム（水草・流木・石など）

1	エキノドルス・アングスティホリア
2	エキノドルス・ポルトアレグエンシス
3	エキノドルス・オパックス
4	クリプトコリネ "C600"
5	エキノドルス・ホレマニー"オレンジ"
6	エキノドルス・ローズ
7	サンパウロ・レッドアンブリア
8	ヘテランテラ
9	エキノドルス・ホレマニー"グリーン"
10	アマゾン・チドメグサ
11	ローライマ・ミリオフィラム
12	クリプトコリネ・バランサエ
13	アフリカ・オテリア

水草ガーデニング Q&A 1
水草ガーデニングを始める前の疑問編

Q 水草を育てるのに最低限必要な器具は？

A 水草の種類にもよるのだが、2灯式以上の照明器具とCO_2、そして外部式フィルターがあればだいじょうぶ。これで、大部分の水草は育成できるはずだ。

Q 特別な水草用の設備はないが、育てられる水草はある？

A 水草の種類は限られてしまうが、問題なく育てられる。代表的なものとして、アマゾン・ソード、ハイグロフィラ、ミクロソリウム、アヌビアスなどがあげられる。

安心して育てられるミクロソリウム・プテロプス。

Q 水草水槽のろ過器は外部式フィルターしか使えない？

A そんなことはない。外部式フィルターの以外にも、最近では水槽の縁にかけるワンタッチフィルター（外かけ式フィルター）や、水中投げ込み式フィルターなども使うことができる。

Q 小型水槽では外部式フィルターが使えないが、どんなフィルターを使えばいい？

A 水中投げ込み式フィルターやワンタッチフィルター（外かけ式フィルター）などが使える。これらは、水槽内にCO_2を添加できるものだ。

Q CO_2なしで、水草レイアウトを作ることは可能？

A 丈夫な種類に限定される。エキノドルス、シダ類、アヌビアスなどで構成するなら、美しいレイアウトの作製ができる。だが、きれいな有茎草のレイアウトを作るのはむずかしい。

Q いろいろな蛍光灯があるが、明るければ明るいほどいい？

A 明るければ明るいほどよいというわけではなく、光量よりも光の波長バランスが重要になってくる。波長を切った製品もあるが、これは水草の育成にはよくないので、同時に赤色系の照明を使って解消するとよいだろう。

Q 冬場の温度調整には、どんな製品を使えばいい？

A 水槽専用のヒーターとサーモスタットで温度調整をする。なかでも、最も簡単に温度調整できる、電子サーモ付きのヒーターがよい。

Part 2

はじめてでも簡単！

水草水槽の
セッティング

すばらしい水草水槽を、初心者がいきなり作れるものではない。水草の知識やセッティングのノウハウなどは必要不可欠だろう。失敗に終わらせないためにも、本書を参考に、マスターしてほしい。

底床のセッティング

選び方のポイント

水草の下準備

水草のレイアウト

STEP 1 水草はどこで入手するのがベスト？

水草の情報を集める

まずは育成したい水草を調べることからスタート。書籍やショップなどでアドバイスをもらい、自分の水槽設備で育成可能かを調べることが美しいレイアウト作りの基本である。

ベテランが作製すると、このようにとても美しいレイアウトになる。これは、水草の育成特徴をしっかりと把握しているからこそ、できることなのだ。

アクアテラリウムで育成されたウィローモスで、水中葉と水上葉が見られる。

オープンテラリウムでよく使われる浮き葉性のルドウィジア・セリオイデス。

水草の情報収集や購入は、ノウハウの豊富な専門店で

　水草を購入するには、しっかりとした専門店で購入することをおすすめする。現在、熱帯魚や水草を販売しているショップは多いが、専門的な知識やノウハウをもっているショップは少ないのだ。安売りをしている量販店や、一時的なブームで始めたショップでは、状態の善し悪しにかかわらず、どんなものでも売ってしまう。その結果、その後の水草育成をむずかしくしてしまっているのが現状である。

　このようなトラブルを回避するには、豊富な知識やノウハウのある専門店で購入することが最善で、これが最も大切なことである。このような専門店では、水草一種一種の育成のポイントや、栽培のちょっとしたコツをわかりやすく説明してもらえる。また、購入の際にわからないことがあれば、即座に正しいアドバイスを与えてくれるだろう。

　専門店のスタッフは、心強い味方になってくれる。はじめはお店に入りにくいかもしれないが（結構気むずかしい場合が多い）、何度か通って話しかければ、もともと生き物好きな人たちであり、すぐに仲よくなれることだろう。

はじめてでも簡単！
水草水槽のセッティング Part 2

専門店の水草販売水槽はこのように美しくレイアウトされていて、見るだけでも十分楽しめる。

専門店では、育成方法などがわからない場合は、スタッフが専門書などを見せながら説明してくれる。

珍種や高品質の水草を選ぶのなら、やはり国産種がおすすめ。

　珍しい水草やあまり店頭で見かけない水草は、やはり専門店で入手することをおすすめする。専門店には独自の入荷ルートがあり、かなりの珍種も手に入れてくれるだろう。ただ、専門店では多くの水草マニアがそのショップの常連である場合が多く、どうしてもそれらの常連客を優先して、珍種は売られてしまう。では、どうすれば入手できるのかというと、まず気に入った専門店に何度も足を運ぶことだ。そして、なるべくスタッフと話をして顔をおぼえてもらうことである。そのときにただ顔を出すだけではなく、なにか買い物をすると早くおぼえてもらえるだろう。顔なじみになれば、お店にないものや珍種の水草なども取り置きしてもらえるかもしれない。

　現在、水草は大きく分けて輸入品、国産品のふたつがあるが、輸入品のほうが価格的に安値であり、国産品はやや高値だ。しかし、珍種や傷みのない質の高いものを選ぶのなら、国産品のほうがよいだろう。輸入品はどうしても輸送時間がかかり傷みが多少あるので、購入時には十分気をつけたい。

エキノドルスのマザープラント。この株から子株を取って出荷される。

水草はどのような状態でショップに入荷するか。

ショップに送られてくる水草は、種類によって多少、梱包に違いがある。一般にバラ物とよばれる束で売られているものは、葉を傷めないように濡れた新聞紙で50本ほどが束にされている。また、ポット入りのものはひとつずつ新聞紙に包まれて、ビニールでパッキングされて送られてくる。

STEP 2 水草水槽に適している熱帯魚とは
水草水槽におすすめの熱帯魚

水草レイアウトが完成したら熱帯魚を入れるのだが、どんな魚でも入れられるわけではない。水草水槽に適した魚を調べ、正しいレイアウトを完成させることだ。

レイアウト水槽に魚を入れる場合、水景を乱さない魚を選びたい。大型魚は無論、水草を食べる魚も不可である。

大型魚もさることながら、適さない小型魚もいる。

水草レイアウトに適さない熱帯魚にはどんな種類がいるのか。まず、各種の大型魚があげられる。ただし絶対に適さないというわけではなく、幼魚期やあまり水草を植えなければ、一般的には適さないものの、決して不可能ではない。また、底床を掘ってしまうような一部のシクリッドやドジョウの仲間も適さない。そして、最も気をつけたいのが、小型魚の水草を好んで食べる種類である。

グリーン・ネオンは水草を食べることもある。

プンティウス・ロンボオケラートゥスは混泳向き。

はじめてでも簡単！水草水槽のセッティング Part 2

水草水槽におすすめしたい魚

メダカの仲間	プラティ	グッピー	ハイフィン・ヴァリアタス	アフリカン・ランプアイ	ノソブランキウス・ラコビー
カラシンの仲間	ネオン・テトラ	レインボー・テトラ	ダイヤモンド・テトラ	レッドファントム・テトラ	ブラックファントム・テトラ
コイ・ドジョウの仲間	ラスボラ・ヘテロモルファ	プンティウス・ロンボオケラートゥス	グリーン・バルブ	ミクロラスボラ "ブルーネオン"	レッドフィン・レッドノーズ
シクリッドの仲間	アピストグラマ・アガシジィ	アピストグラマ・トリファスキアータ	アピストグラマ・エリザベスアエ	チェッカーボード・シクリッド	ペルビカクロミス・タエニアートゥス
アナバス・スネークヘッドの仲間	ネオン・ドワーフグーラミィ	ベタ・インベリス	ベタ・スマラグディナ	ピグミー・グーラミィ	チョコレート・グーラミィ
ナマズの仲間	オトシンクルス	パロトキンクルス・マクリカウダ	コリドラス・ジュリー	コリドラス・ステルバイ	トランスルーセント・グラスキャット
レインボーフィッシュ・その他の仲間	ニューギニア・レインボー	ポポンデッタ・フルカタ	ネオンドワーフ・レインボー	バディス・ダリオ	バディスsp. "スカーレットジェム"

小型魚ならどんな種類でも入れられるというわけではない。

　大型魚はもちろん適さないが、小型魚であれば、どの種類も混泳できるというものでもない。逆に、小型魚のほうが気をつけなければいけないのだ。

　最も気をつけたいのは、水草に害を与えるような種類である。あまり知られていないが、人気の高いグリーン・ネオンは、マヤカなどの新芽を好んで食べてしまう。こういった習性をもつ魚は意外に多いので注意したい。また、こけ取り用に売られている魚の中にプレコの幼魚などがいるが、水草の入った水槽に入れてしまうと、こけも食べるが水草もすべて食べられてしまう。

　そして、入れる魚同士にも向き不向きがある。組み合わせが悪いとヒレをボロボロにしたりするし、最悪の場合は食べてしまうこともある。特に、小さな魚と、やや大きめの魚とを組み合わせる際には注意したい。

　また、激しく縄張り争いをする魚を何匹も入れると、当然ケンカをして殺し合いになる場合もある。基本的に、魚は口の中に入る大きさのものは食べてしまうので、混泳させるときは魚の大きさを同じくらいにすることがコツである。魚を入れる前に、最低でも自分が入れたい魚がどの程度の大きさになるのか、性格はおとなしいのかなどは調べてから購入したい。

水草水槽には不向きな大型種のレッド・オスカー。

レッドテール・キャットは水草水槽には不向き。

STEP 3
水草育成のグッズはこうしてそろえる。
水草水槽グッズの選び方

水草育成には専用のグッズが欠かせない。むずかしいと思われがちの水草育成も、正しいグッズ選びをすれば、初心者でも容易に美しい水草レイアウトを作製できるのだ。

水草レイアウト水槽の基本グッズを選ぶ。

通常の熱帯魚のセットでは水草育成にはたりないものがあり、そろえなくてはいけないものがいくつかある。水草育成を楽しむには、基本となるグッズが必要になってくるのだ。

まず、美しく育成するのに必要となってくるのが、水草の命でもあるCO_2（二酸化炭素）である。これは水草育成には欠かすことのできない要素であり、フィルターも水草に適した種類に替える必要がある。なぜなら、熱帯魚飼育で最もよく使われている上部フィルターでは、CO_2を添加しても空気と触れてしまうために飽和され、せっかく添加しても意味がなくなってしまうからだ。そのため、最も適しているのが外部式フィルター（パワーフィルター）である。つぎに照明も、水草育成専用の蛍光管に替えたい。

必要な水草水槽グッズ

水槽本体　フィルター　ろ材　ヒーター　照明器具　蛍光管

底床　肥料　CO_2　バクテリア　流木　石　その他

Setting

48

はじめてでも簡単！
水草水槽のセッティング Part 2

水槽本体選びのポイント

さまざまなタイプの中から目的に合った水槽を選ぶ。

どんなレイアウトを作りたいか、どんな場所に設置するかによって、水槽選びは変わってくる。

水槽は大きく分けて、ガラス製とアクリル製の2種に分けることができる。どちらを選ぶかは大変むずかしいのだが、インテリア性を重視するか、機能性や安全性を選ぶかは個人の問題なので、ひと口にどれがよいと筆者からはいえないのが正直なところだ。

現在では、以前の主流であったふちのある水槽から、ヨーロッパで一般的なふちのないオールガラス水槽に移ってきている。ただし、ふちなしのガラス水槽の場合は取り扱いに注意が必要で、水槽の角を少しでもぶつけたりすると、すぐに割れてしまうので気をつけたい。また、水槽台が水平でないと、その歪みによって割れる場合もある。オールガラスのふちなし水槽には、メーカーによって違うが1年から最高5年までの保証が付いているものがある。この保証の項目に"水槽台に水平に置くこと"と書かれた項目があり、水平になっていない場合には保証はしてもらえないこともあるので注意したい。

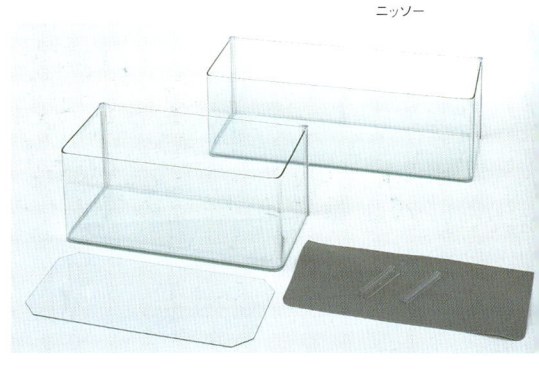

アクリル水槽の特徴としては、ガラス水槽に比べ安全性が高く、ガラス水槽のように割れることはない。しかし、まれに接着面に気泡が多く入っていて、うまく接着できていない強度の落ちる水槽があるので注意してほしい。筆者も一度、水を張ったら前面のアクリルが外れた経験があるので要注意だ。

アクリル水槽の最大の長所は、水槽自体の重さがガラスに比べてだんぜん軽いので、とても扱いやすいという点。大型水槽になればなるほどアクリル水槽のほうが扱いやすくなり、移動させるときも楽になる。

欠点は、アクリルはキズがつきやすいということくらいである。

CHECK！

水槽サイズと重さとの関係

水槽サイズ (幅×奥行×高さ)(mm)	水容量(ℓ)	総重量(kg)
359×220×262	20	21
450×295×300	35	36
600×295×360	57	60
600×450×450	105	110
900×450×450	157	167
1200×450×480	220	235
1200×450×600	345	375

60cm水槽でも60～110kgほどの総重量になることがわかるだろう。安定した水槽台の上に置きたい理由だ。

49

オールガラス水槽

ふちがないため水槽全体がすっきりとしていて、レイアウトを作製したときに見ばえがとてもよい。欠点としては、ふちがないので強度が弱く、少々ぶつけただけでも割れてしまうことで、要注意。メーカーによってガラスの透明度に差があり、値段もさまざま。

曲げガラス水槽

インテリア性に優れていて、どんな部屋にも合う水槽である。しかし、オールガラス水槽と同様に曲げてあるガラス部分の強度が弱く、ちょっとした衝撃にも弱いので、取り扱いには注意したい。各メーカーから販売されているので、好みの水槽を選ぶことができる。

ふち付き水槽

ふちのない曲げガラス水槽に比べて強度は高いが、やはり接着面は弱いので油断しないで注意をしてほしい。ふちの部分の色は、定番の黒からスケルトンタイプまで、いろいろと販売されている。インテリア性を重視する人は、このタイプの水槽がよいだろう。

アクリル水槽

ガラス水槽に比べて扱いがとても容易で、ガラス製のように割れることがないので安心して使えるだろう。大型の水槽になっても、ガラス水槽に比べてとても軽いので扱いやすい。欠点はすぐに傷がつくところなので、水槽を洗うときには専用の道具を使用したい。

はじめてでも簡単！
水草水槽のセッティング Part 2

フィルター選びのポイント

とても重要なフィルター選び。使う水槽に適したものを！

　美しく水草を育てるには、フィルター選びがとても重要である。選ぶコツとしては、パッケージに書かれている適合サイズより1ランク上の製品を選ぶことをおすすめしたい。ろ過能力の高い水槽では、水草もよく育つ傾向があるからである。育成のむずかしい水草では、特によい結果が得られるだろう。

水中式フィルター

　このタイプのフィルターは、小型水槽のメインとして使うことも可能であるが、メインのフィルターとして使うよりも補助的なものと考えてもらいたい。外部式フィルターをメインに使い、補助として使うのがベストな方法である。夏場の水温が上がる季節は、ただでさえ水温が上がってしまうのに、水中フィルターの熱によってさらに上げてしまうことになるので注意したい。メンテナンスは楽なのだが、ゴミが詰まりやすい。

外部式フィルター

　水草水槽にはこれ以上適したフィルターはほかにはないだろう。まず、水槽の中に入るパーツが少なく、レイアウトを乱すことがない。そして、なによりろ過能力が高いことが最大の特徴だろう。しかし、選ぶときは適合水槽の1ランク上のものを選ぶとよいだろう。水流が強すぎる場合は、シャワーパイプに穴を多く開けるなどの工夫をすれば解消できる。

壁掛け式フィルター

　このタイプは、メンテナンスの一番容易なフィルターである。メンテナンスをする際に水槽の中に手を入れる必要がなく、交換ろ材を替えればよいだけだ。これまでは小型水槽で水草レイアウトを作りたいと思っても、適したフィルターがなく作れなかったのだが、最近この製品が販売されてからは容易に楽しむことができるようになった。

フィルター

← 水中フィルターのハイパーミニゴン●コトブキ工芸

← 水中フィルターのエーハイム2206●ワーナー・ランバート

← 外部式フィルターのプライムパワー●ニッソー

← 外部式フィルターのエーハイムフィルター2213NEW●ワーナー・ランバート

← 外部式フィルターのフルーバル●トリオコーポレーション

← 壁掛け式フィルターのテトラワンタッチフィルターOT-W●ワーナー・ランバート

ろ材選びのポイント
フィルターサイズに合ったろ材を選ぶことが重要。

　現在、さまざまなろ材が販売されているが、ひと口にどれがよく、どれが使えないのかを明言することはむずかしいので、専門店に相談して選ぶことをおすすめしたい。ろ材の大きさや形によりバクテリアの付着具合が変わってくるが、基本としてはフィルターサイズに合った製品を選べばよい。

ヒーター選びのポイント
水槽の大きさや設置場所で変わるヒーターのワット数。

　日本のように四季のある場所で、熱帯性の生物を育てるのに欠かせないのがヒーターだ。
　ヒーターは、水槽の大きさや水槽の設置場所などによりワット数も変わってくる。例えば、玄関に水槽を設置したときは、すきま風などで冬場はかなり寒くなると思われ、ワット数の低いヒーターを使うと常に電源が入った状態になってしまう。そこで、このような場合はワット数の大きなヒーターを使って、瞬時に温めると経済的である。
　90cm以上の水槽を温めるには400Wくらい必要であるが、400Wのヒーターを1本で温めるのではなく、200Wのヒーターを2本使うようにしたい。なぜなら、1本が故障しても、もう1本が正常なら温めることができ、保険になるからである。

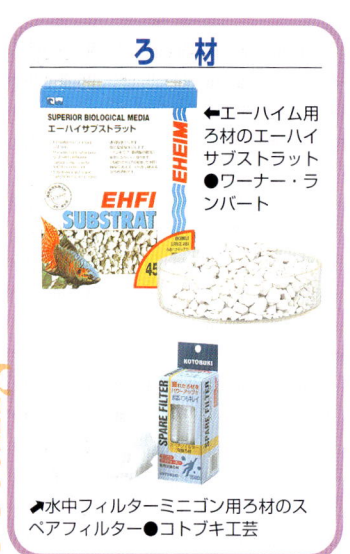

CHECK！

水槽サイズとヒーターとの関係

水槽サイズ(幅×奥行)(mm)	水容量(ℓ)	適性ヒーター(w)
360	20	75
450	35	100
600	57	150
600×450	105	200
900	157	300
1200	220	500
1500	345	1000

ろ材

←エーハイム用ろ材のエーハイサブストラット●ワーナー・ランバート

↗水中フィルターミニゴン用ろ材のスペアフィルター●コトブキ工芸

ヒーター

←NEWミニオートヒーター50W●スドー

←αセラミックヒーター●ニッソー

←パワーセーフセット●ニッソー

←電子式サーモスタット搭載のシーパレックス●ニッソー

←NEW ICオートヒーター●ニッソー

はじめてでも簡単！
水草水槽のセッティング Part2

照明器具選びのポイント
インバータータイプは高価なのがネック。

　各メーカーから多様なサイズや形の照明器具が販売されている。なかでも主流となっているのが、1灯式と2灯式の蛍光灯である。

　水草をうまく育てるには、60cm水槽で最低でも20W×2灯が必要であり、そのため2灯式以上の器具が必要になることになる。育成困難な水草を数多く育てたいときなどのために、水槽全体を照明できる4灯式をセットできれば理想的である。光が多すぎるときなどにも、4灯式のタイプではスイッチで1～4灯まで切り替えがきくので便利だ。最近ではインバータータイプのものが販売されているが、通常の器具より高価な点がネック。予算と相談して購入するとよいだろう。

照明器具

↑グリーングロウ/602●アクアデザインアマノ
↓フラットインバーターライト600●ニッソー
↑カラーライト600・1灯●ニッソー
←カラーライト600・2灯付●ニッソー
→マーキュレイHG（水銀ランプ）●コトブキ工芸

蛍光管選びのポイント
光は明るければ明るいほどよいというものではない。

　現在、以前では考えられないほど多くの種類の蛍光管が販売されている。これはアクアガーデニングが盛んになり、各メーカーが競い合うようにして、水草によい蛍光管の開発販売を行ったからである。

　そうなると、多数の蛍光管からどれを選べばよいかと悩まされることだろう。どれがよいか、悪いかは簡単にはいえないのだが、ひとついえるのが、水草にとっては、ただ明るければよいわけではない、ということである。一番重要なのは光の質、つまり波長バランスである。太陽光に近くて明るいものを選べばよいだろう。

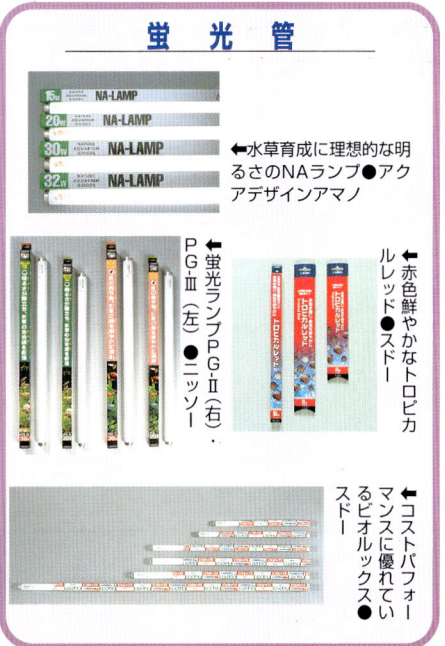

蛍光管

←水草育成に理想的な明るさのNAランプ●アクアデザインアマノ
←蛍光ランプPG-II（右）・PG-III（左）●ニッソー
←赤色鮮やかなトロピカルレッド●スドー
←コストパフォーマンスに優れているビオルックス●スドー

底床選びのポイント
水草の特徴に応じて底床を選ぶ。それが成功のカギ。

　底床選びのポイントは、まずどんな種類の水草を育成するかによる。pHが低いと育成のむずかしくなってしまう種や、またその逆の場合もある。特に、南米産ワイルド水草とよばれている種類では、ソイル系の底床がよいようだ。また、アヌビアスなどはやや硬度のある大磯系のほうが美しく育つ傾向がある。
　つまり、底床選びは、育成する水草の特徴を先に調べることがポイントだろう。

大磯系底床

　古くからアクアリウム界で最もなじみのある底床である。ソイル系の底床が出る前は、熱帯魚飼育の基本底床だった。新品はカルシュウム分がやや多いため、育成できる水草が限られてしまう。しかし、5～6年使い込んだ大磯砂は、カルシウム分が抜けていろいろな水草を育てることができるようになる。どうしても最初から使いたい場合は、専門店で硝酸処理済みの大磯砂を購入するとよい。

ソイル系底床

　現在専門店で最もすすめられる底床だろう。育成のむずかしい水草を比較的容易に育てられるが、注意すべき点も多い。天然の土が原料なので、長時間水に浸かると崩れて粉状になり、根詰まりを起こしやすいのだ。製品によりpHがかなり下がることもあるので、セットして1ヵ月程度は頻繁に水換えをすること。

川砂底床

　これまで川砂系の底床は、日本産淡水魚のレイアウトによく使われていたが、現在では水草の育成用のタイプも売られている。川砂に含まれる砂鉄が、こけの発生を抑える効果があるようで重宝する。細かいので根詰まりが心配になるが、そうしたことはあまりない。

セラミック底床

　ソイル系とほぼ同じであると考えてよいのだが、かなりしっかりと焼いてあるのでソイル系のように崩れることはない。そのため底面フィルターでも砂を巻き上げることがなく、とても使いやすい。pHもそれほど下がらないので初心者にはとても扱いやすいものだ。

底床

大磯系
↑ザッツアクアリュームサンド●AMAE

ソイル系
→アクアソイル-アマゾニア●アクアデザインアマノ
←アクアソイル-マレーヤ●アクアデザインアマノ

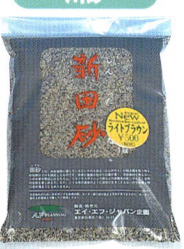

川砂
↑新田砂●エイ・エフ・ジャパン企画

セラミック
↑アクアセラミック-クリスタリーノ●アクアデザインアマノ

はじめてでも簡単！水草水槽のセッティング Part 2

肥料・CO₂・バクテリア選びのポイント

すべての条件を整えれば、大部分の水草はうまく育つ。

　肥料は大きく、液体肥料と固形肥料のふたつに分けることができる。用途によりさまざまに異なる肥料だが、誤った使い方をしている初心者が多いようである。

　液体肥料は有茎草に有効で、説明書に書かれている量を入れる。裏技として、筆者は毎日数滴ずつ入れている。この方法だと水草が効率よく肥料を吸収できるのだ。固形肥料はロゼットタイプの水草に有効で、水草の根元に入れるだけでゆっくりと根が吸収する。

　CO_2は毎日同じ量を添加しなくてはならない。高圧ボンベとプッシュ式の2種類があるが、経済的にも使いやすさの面からも高圧ボンベがよいだろう。レギュレーターで微調整ができ、毎日同じ量が出せるのでとても便利。さらに電磁弁とタイマーを使えば、毎日の面倒なレギュレーターの開閉がはぶける便利な器具で、時間のない人にはおすすめだ。

　バクテリアには底床に混ぜる土壌バクテリアと、ろ過槽や水に入れるろ過バクテリアとがある。ともに重要で、これらを入れると水槽の立ち上がりが早く、水草もよく育つ。

CO_2は拡散筒でミスト状の細かい気泡となり、効率よく添加される。

肥料
- →液体栄養素のグリーンブライティSTEP1●A
- ↓砂床用添加物のイニシャルスティック●B
- ↑液体肥料のプランツ24●C
- ↑固形の水草用固形肥料●D

CO₂
- ↑電磁弁●A(左)／プログラムタイマー●E(右)
- ↑CO₂レギュレーター●各社
- ↑CO₂アドバンスシステム●A
- ↑テトラCO₂オプチマット●B

バクテリア・その他
- ↑ペナックWアクアリウム用●A
- ↑バクター100●A
- ↓パワーバクター●F
- ←ペナックA／アクアリウム用●A

A=アクアデザインアマノ　B=ワーナー・ランバート　C=ディプラ社　D=アクアフローラ社　E=五味商事　F=スドー

流木選びのポイント

流木をうまく使い、レイアウトのイメージをふくらませる。

　流木などのアクセサリーは、レイアウトのワンポイントや、遠近感を作るのによく使われる。

　まずは、好みの流木を専門店で選ぶ。選ぶ際のポイントとして、持ったときに軽いものは、水に沈むまでに時間がかかったり、沈まなかったりする場合もあるので、このタイプのものはできるだけ避けること。また、置き方によって、同じ流木でもまったく違う感じになるのでじっくりと選ぶとよいだろう。

　最近では流木といっても、枝状流木やマシンガンウッド（インドの虫食い流木）、アマゾン流木（これも虫食い流木）など多くの種類が見られ、色も赤茶色から黒いものまでさまざまである。自分がレイアウトに使いたい流木を探すとよいだろう。

　流木は灰汁が出るため、すぐに使うことができないので注意する。この灰汁が出ているうちは、水槽の水が茶色になり、見た目にも水草にもよくない（特殊な魚にはよいのだが）。

ここで使われている流木は下の写真と同じ流木である。

同じ流木でも置き方ひとつで、これだけ印象が変わる。

　灰汁を抜くには、一度大きな鍋で流木を煮る方法と市販の灰汁抜き薬を使う方法とがあるが、いずれの方法でも完全に灰汁を抜くことはできないので、たまに水槽から出して洗ってやるとよいだろう。

流　木

枝状流木 
枝状流木とよばれるもので、最近人気が高い流木で専門店にて入手できる。

サバンナウッド 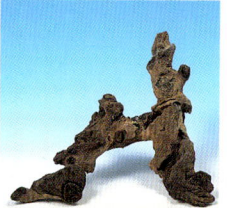
サバンナウッド（アイアンウッド）とよばれるアフリカ産の流木。

マシンガンウッド 
マシンガンウッド（インド虫食い流木）海産流木で、貝の殻などがついている。

マレーシア産流木 
マレーシア産の流木で最も一般的な流木で、入手も容易である。

はじめてでも簡単！
水草水槽のセッティング Part 2

石選びのポイント
園芸店や河原などで、好みの石が見つかることも。

　石といっても、色も形もさまざまである。専門店だけではなく、園芸店などでも使える石があるので探してみるとよいだろう。また、河原などで採集することもできる。いずれもpHに影響が出ないか確認すること。

大きさや形など、いろいろな石を用意すると、好みの形を作りやすい。

気に入った石がなければ、自分で作ってしまおう。

まず、大小さまざまな石を用意する。ここでは溶岩石を使用している。

石を組み合わせて、好みの形に積み重ねてみる。

形を決めたらシリコンで接着する。

一日置いてシリコンが固まると、自作の石が完成。

その他のグッズ選びのポイント
掃除や水換えのとき、あると役立つ便利グッズ。

　水槽を掃除するときに、ガラスのこけを取るスポンジや、パイプ掃除の専用ブラシなどがあるととても便利である。ソイル系の底床を使っている場合などは、フィルターのストレーナをホースに付けて給・排水するとよい。

掃除をするときに、便利なグッズ。

その他のグッズ

↑トリミング専用ハサミ
●アクアデザインアマノ

↑フィッシュネット
●スドー

↑水草専用ピンセット
●アクアデザインアマノ

←サイホンポンプクリーナー
●スドー

→デジタル水温計ND-05
●ニッソー

←モスコットン
●アクアデザインアマノ

↑水温計●ニッソー

57

STEP 4 水草ガーデニングのための簡単テクニック
水草水槽のセッティング

水草レイアウトを始めるための基本である、水槽セッティングをマスターしよう。このセッティングを怠ると、美しいレイアウトを作ることができないのである。

比較的珍しい水草を中心に使用した、美しくレイアウトされたガーデニング水槽。セットして1週間ほどである。

フィルターは外部式がベスト。水槽台も専用のものを。

　水草を育てるには、熱帯魚の飼育とは少々違った専用の器具が必要だ。一般的な熱帯魚の飼育セットでは上部式フィルターを使用するが、水草を育てるには外部式フィルターが適している。なぜかというと、添加したCO_2が酸素にふれて中和されてしまい、添加しても意味がなくなってしまうからである。

　水槽の置き場所は、初めて水槽を置く多くの人が、「下駄箱やクローゼットの上に置きたいのですが」というが、安全のためにも専用の水槽台を使用したい。

すべてのセッティングが終わった水槽。このような美しい水槽になるように、完成目指して進めていきたい。

はじめてでも簡単！
水草水槽のセッティング Part 2

PART 1 アングル台と水槽のセッティング

安全性などを考えると、アングル台は必ず水槽専用のアングル台を使うことが大切である。
水を入れた水槽は見た目より非常に重量があるので、しっかりとしたものを選びたい。

1 アングル台の組み立て

水平にするには、天板に対して台の脚がまっすぐになるように心がける。

仮止めしたネジをしっかりと本締めする。

専用ネジをまっすぐ穴へ入れて仮止めする。

水槽を置いて水を入れてしまう前に、もう一度水平であるかどうかをチェックしたい。曲がっていたら必ず直しておこう。

　水槽のセッティングには、まず専用の水槽台が必要となる。レギュラーの60cm水槽でも水を入れると60kg以上になるので、必ず専用の台を使用する。専用台には、木製、鉄製、スチール製といろいろなタイプがあるので、好みや予算に合わせて選ぶとよいだろう。

2 水槽を洗い、バックスクリーンを貼る

傷がつかないように、柔らかいスポンジなどを使って洗うとよい。

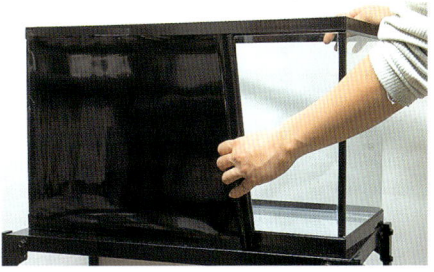

バックスクリーンは傷つきやすいので、注意しながら幅の広いテープで貼る。

ここまでが完成した水槽。最後にもう一度、水平か、汚れがないかを確認する。

　新しい水槽は静電気などでゴミがついて汚れているので、しっかりと水で洗う。水槽表面のガラスに水滴がつくと見ばえが悪いので、乾いたタオルなどでよく拭いておく。シリコン系のカーワックスなどをかければ、汚れや水滴などがつきにくくなる（水槽内は厳禁）。

59

PART 2 フィルターのセッティング

間違ったセットをしてしまっては、十分なろ過能力は望めない。フィルターのもっている能力を最大限発揮できるように、しっかりとセットしたい。

1 スポンジをセット

まずはあらかじめ洗っておいた目の粗いスポンジを、フィルター内のろ材を入れる専用ケースの一番下にセットする。

2 ろ材をセット

リング状のセラミックろ材は粉状のかすが多いので、流水できれいに洗ってからケースのスポンジの上にセットする。

3 活性炭をセット

黒い水が出なくなるまできれいに洗う。

洗い終わったら専用ネットに入れる。

セラミックろ材の上にセットする。

外部式フィルターには多くのパーツがある。基本的にどのメーカのものも、モーター部、フィルターケース、ろ材ケース、ろ材、ホース、タップ、給水パイプ、シャワーパイプがある。組み立てを間違えると、水漏れの原因になってしまう。

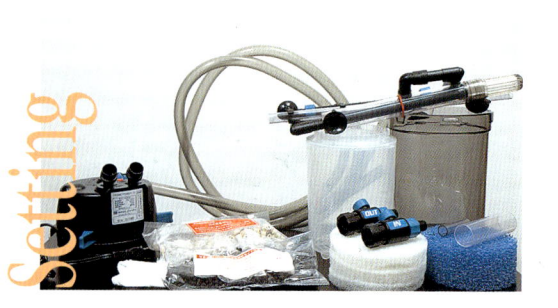

4 ろ材全体の完成

目の細かいスポンジを一番上に置き、ケースのふたを閉めてすべてのろ材のセットが終了。最後に、きちんとふたが閉まっているか再確認する。

はじめてでも簡単！
水草水槽のセッティング　Part 2

5 フィルターにろ材をセット

セットしたろ材ケースをフィルターケースに入れる。フィルターケースも使用前に必ず洗っておくこと。フィルターケースに水を入れるのだが、使う水は必ず塩素を中和したものを使用する。なぜなら、このときにろ過バクテリアを直接フィルターの中に入れておけば、速くバクテリアがろ材に付着して立ち上がりがよくなるからである。ろ材も各メーカーでいろいろなタイプが販売されているので、自分の好みのろ材を選んで使うとよい。

6 モーター部をセット

←モーター部をケースの上にセットする。ケースを割らないように注意する。

→モーター部とフィルターケースには凹凸があるので、必ず合わせておこう。

モーター部をセットするときには十分な注意が必要で、むりにフィルターケースに入れようとすると、ケースに傷がついたり割れたりしてしまう場合があるのだ。凹凸部分をしっかりと確認してから、モーター部のフックを閉めるようにすることが大切である。メーカーによって、やや方式が違う場合があるので注意する。

7 フィルターホースをセット

購入したフィルターセットを箱から出してみると、よくホースが折れ曲がって入っていることがある。このような場合は、ホースを熱めのお湯に入れて、柔らかくして直すとよいだろう。こうしたくせを直したらタップをホースに付けるのだが、水漏れを防ぐために、必ずホースをタップの一番深くまで入れるようにする。ジョイントも締まらなくなるまできつく締めるようにすることを、ぜひともおすすめする。

8 フィルター部の完成

ホースにシャワーパイプと吸水パイプをつなぐと、フィルターのすべてのセットが完成である。ここで注意することは、本体にホースをセットする際に、INとOUTとの付け間違いをしないようにすることだ。間違えて付けてしまうと故障の原因になるので、安全のためにも必ず確認する。

PART 3 底床のセッティング

高品質の底床や土壌バクテリアの販売により、水草に適した底床を選べるようになり、育成の環境はよくなった。あとはセッティングをちゃんと行えば、育成はさらに容易だ。

1 底床砂を薄く敷く

今回のセッティング例では、ソイル系のアクアプラントサンドを使用している。まず水槽にごく薄くアクアプラントサンドを敷くようにする。これは違う底床を使ってセッティングしても、同じように行うこと。三角定規などを使ってならすと、うまく薄く敷くことができるだろう。

2 バクテリアを撒く

薄く敷いたアクアプラントサンドの上に、うまく育てるのに重要な土壌バクテリアをまく。このバクテリアを入れることにより、ろ過バクテリア同様に早く水槽を立ち上げることができる。ほかのやり方としては、底床と混ぜて薄く敷いてもよい。そのほかの底床も同様に行う。

3 土壌改良剤を撒く

つぎに土壌改良剤をバクテリアの上に撒く。これは底床の傷みを抑える作用があるので、ぜひ入れることをおすすめする。ここで使った粉状の製品のほかに、初心者にも容易に使えるスティック状の製品も販売されている。これは底床に差し込むだけでよいので、おすすめのものだ。

4 バクテリアと土壌改良剤の投入終了

底床にバクテリアと土壌改良剤を撒き終えた状態。

白い粉がバクテリアと土壌改良剤。均等に敷くのがこつだ。

とても重要な作業で、怠ると水草の成長に大きな影響を与える。バクテリアの効果によって、こけの発生も多少抑えることもできる。

はじめてでも簡単！
水草水槽のセッティング Part 2

5 さらに底床砂を入れる

残りのプラントサンドを上に敷いていく。このとき粒をつぶさないようにゆっくりと入れ、バクテリアを巻き上げないようにする。

袋から少量ずつゆっくりと入れていく。

すべてのプラントサンドを入れた状態。

6 底床砂をならす

入れたプラントサンドを均等にならしていく。三角定規などを使って行うと、きれいに水平にならすことができるだろう。

7 底床の完成

底床を入れ終えて、ならしが完成した状態。ならす際に後方をやや高くすると、レイアウトを作るときに遠近感をだせる。

水槽セッティングの完成

フィルターをセットする。ストレーナのキスゴムは濡らしてから付ける。

この時点でフィルターをセットしておくと、あとの作業がとても楽になる。フィルターのストレーナを底床の少し上になるようにセットする。場合によってはストレーナを切って調整する。

セッティング完成の状態。最後に水槽や底床の水平を再確認。

POINT 冬季のセッティング

冬季には保温が必要なのでヒーターをセットする。ヒーターカバーなどを使用すると、あまり目立たなくなってレイアウトを損なわない。

無点灯で、ヒーターがOFFの状態。

ヒーター稼働時。ランプ点灯。

STEP 5 水草を正しく購入するために。
水草の選び方と購入方法

水草を上手に育成するには、購入時に状態のよいものを選ぶことが大切である。いくら欲しい水草があっても、状態が悪いものを購入してしまうと、結局は駄目にすることが多いのだ。

水草を美しく育成できるかは、購入時の状態がポイント。

このように枯れてしまっている水草は避けて、状態のよいものを選びたい。

葉色が変色しているエキノドルスの仲間の葉。

最初は、プロのスタッフに選んでもらうとよいだろう。

自分の望みも伝えて、話をしながら勉強していこう。

あまり無理をいって、困らせるようなことは避けたい。

選び方のポイント

とにかくよい水草を選ぶことがなによりも肝心。

　専門店などで販売されている水草は、水上葉か水中葉のどちらかの状態なので、それぞれの選び方を覚えておきたい。

　珍種や一部の水草などの例外をのぞくと、販売されているほとんどは水上葉状態である。水上葉については、新芽が傷んで潰れていないものを選ぶことがポイントだ。専門店で購入すれば心配はないだろうが、根元が傷んでいないもの（根が出ているものやしっかりしているもの）を選ぶことが大切である。

　水中葉の場合は、新芽がよく出ていて葉の色がよいものを選ぶとよい。

はじめてでも簡単！
水草水槽のセッティング Part 2

水草を移動させるときは、水草への負担をできるだけ軽くするために、正しいパッキングをしなければならない。

パッキングの方法

きちんとしたパッキングをしているショップを選ぼう。

　水草の扱い方を熟知している専門店では、購入のときには必ず新聞紙などで水草を包んで、パッキングしてくれるだろう。パッキングとひと口にいっても、水草の種類によってその方法も異なり、とても大切な作業なのである。

　ウィローモスやリシアなど（一部の傷みやすい有茎種や、その他の傷みやすい草）は、熱帯魚を購入したときと同じようにパッキングし、有茎種などは茎が折れないように、濡れた新聞紙でパッキングするとよい。

　こうした処置をせず、ビニールの中に直接水草を入れてしまうようなショップでは購入しないほうがよい。また帰宅に時間がかかるときは、スタッフにいえばそれに対応したパッキング（新聞紙を厚めにする、水分を調整するなど）をしてくれるだろう。

専門店では、折れやすい水草はていねいに扱ってくれる。

濡らした新聞紙などで傷つけないよう1種類ずつ包んでくれる。

さらにそれをビニールに入れ、完璧に折れないように。

65

STEP 6 水草の下準備 PART 1

じょうずに水草を育てるための大事な作業。

水草の下準備はとても重要な作業で、するとしないとでは、あとあとの育成に大きく影響する。ここで手抜きをすると、水草が溶けたり枯れてしまったりする場合もあるのだ。

PART 1 有茎水草

有茎水草とは、地下に根を張り、水面に向かって茎を伸ばす水草のこと。とても育てやすい一般的な水草で、よく知られる種にハイグロフィラやルドウィジアなどがある。

1 購入時の状態

有茎種は、バラ・鉛まき・ポット売りなど、多様な形で販売されていて、容易に入手できる。

2 鉛をはずす

茎を傷めないように慎重に鉛をはずしたら、流水で洗って貝の卵や汚れを取っておく。

3 下草を切る

傷んだ茎の部分は切り落とし、好みの長さに調整しておく。調整する場合は、葉をもとから切るのではなく、少し葉を残して切るのがコツ。

葉の根元を少しだけ残して切っておく。

少し葉を残すのは、植えやすくするためである

この残した部分から、根が出てくる。下の部分は枯れることが多い。

4 終了

有茎種の下準備はこれで完成である。これと同じ作業を、レイアウトに使用する有茎種すべてに行う。長さを調整するときは、節の部分でカットすることで、枯れたり溶けたりするのをある程度防ぐことができる。

はじめてでも簡単！
水草水槽のセッティング Part 2

PART 2 ロゼット状水草

ロゼット状水草とは、有茎水草のように茎を伸ばして成長するのではなく、株の根元から葉をつぎつぎに出して成長する水草である。

1 購入時の状態

数株まとまって入ったポット売りと、バラ売りのものとがあり、ともに容易に入手できる。購入時、運がよければ子株のついたものも入手できる。

2 ランナーを切り離す

子株がついているものは、まず子株を切り離すことから行う。親株から出ているランナーを、親株の根元から傷つけないように切り離す。

3 子株を切り離す

親株についていた子株は、5〜6枚の葉が出たらランナーを切り離す。親株につけたままだと、親株の養分が子株に取られて枯れてしまう場合がある。

子株をつなぐランナーを切り離す。

花の終わった余分な部分も切り離す。

4 水草を洗う

葉についた汚れや貝の卵を、流水で洗い流しておく。洗う際に傷をつけないように注意する。

5 根を切る

長い根は半分くらいの長さにカットし、短い場合は切らずに古い根だけを切ればよい。

6 終了

すべての下準備が終了。水草が乾かないように霧吹きで水をかけ、濡れ新聞をかけるとよい。

PART 3 シダ類

シダの仲間は流木や石などに活着する性質のものが多く、レイアウトでも頻繁に使われている人気の水草である。工夫しだいで多様な使い方ができるのだ。

1 購入時の状態

バラとポットの両方が販売されていて、ショップで見られるそのほとんどが水上葉である。

2 傷んだ葉を切る

傷んだ葉やシダ病などになっている葉は、すべてカットしておく。必ず元からカットすること。

3 根を切る

根を2〜3cm残してカットする。これにより、草体が活性化されてうまく育成できるのだ。

4 古い茎を切り離す

古い茎は切り離しておく。切り離した茎を流木につけておけば、時間はかかるが新芽が出てくる。

5 終了

傷んだ葉や古い葉を取りのぞくと、こんなに少なくなってしまう。しかし、すぐに葉数は増えるのでケチらずに取りのぞいてほしい。それが美しいレイアウトへの第一歩である。

はじめてでも簡単！
水草水槽のセッティング Part 2

PART 4 前景草

前景草は、レイアウトを作る際にとても重要なもので、レイアウトに遠近感を与えることができる。しかも、グロッソスティグマを代表に美しい種が多い。

1 購入時の状態

これまではポット売りが主流だったが、現在では徳用のシートタイプも入手可能になっている。

2 袋から取り出す

購入時は袋に入れられているので、傷をつけないように袋から取り出して水洗いしておく。

3 小さく分ける

シート状のものを小さく切り分ける。なるべく小さく分けたほうが、あとあと扱いやすくなる。

4 1本に分ける

小さく分けたものを、さらに1本ずつ根のある部分で切り分ける。本種は本来、有茎草なのだ。

5 終了

使いたいだけの量を分けるのだが、希望の量よりかなり多めに作っておいたほうがよい。細かい作業なので大変だが、美しいレイアウトができると思えば苦にはならないだろう。

PART 5 アヌビアスの仲間

初めて輸入された当時はとても高価だったが、現在では輸入量も増えて、ポピュラーな水草になった。とても丈夫で、初心者から上級者まで広く人気がある。

1 購入時の状態
ポット入りがメインで、さまざまなサイズがある。多く必要な場合はマザーポットを選ぶとよい。

2 処理前の準備
マザーポットの場合は、ポットから根や茎がはみ出しているときがあるので傷つけないように。

3 ポットにハサミを入れる
この状態だとポットから株をはずせないので、ハサミでポットに切り目を入れていく。

4 ポットをはずす
切れ目を入れた場所から、ゆっくりと根を傷つけないようにポットをはずしていく。

5 ロックウールをはずす
根についたロックウールを手ではずしていく。根を傷つけないように慎重に行うようにする。

6 ロックウールを洗い流す
流水で洗い流すように、ゆっくりとほぐしていく。

ピンセットを使うと細かいところも取りやすく、大変便利である。ほかに竹串なども利用できる。

はじめてでも簡単！
水草水槽のセッティング Part 2

7 消毒液が付着した状態

　水草の多くは輸入品なので、植物防疫所（ぼうえきしょ）で検査を受ける。そのため、出荷前に害虫駆除の駆除剤を散布されるのだ。そして、その際に付着した薬剤が葉に白く残っている場合がある。しかもポット入り水草の場合は、ロックウールに薬剤がしみ込んでいる場合もあるので、必ずロックウールをはずしてから水槽に入れるようにしたい。

8 消毒液を洗い流す

　駆除剤は流水で洗い流すのだが、かなりしっかりと洗わないと落ちないので、柔らかいスポンジや指でこするようにする。この駆除剤が少しでも残っていると、最悪の場合、魚やエビなどが死んでしまうこともある。どうしてもポットのまま使いたいのなら、入荷直後のものは避け、しばらくたってから購入するほうが無難である。

9 終了

　これですべての作業は終了だが、古い根や傷の付いた葉は、ほかの水草同様にトリミングする。そして、葉が乾かないように水の中に入れておく。

害虫や貝の卵などがついていないかを必ずチェックする。

水草にはじつにさまざまな害虫がついている。特に貝は2～3匹でも進入すると、あっという間に大発生して水草を食べてしまう厄介者（やっかいもの）だ。

STEP 7 水草の下準備 PART 2

もっとレイアウトの幅を広げてみよう。

水草の種類によっては砂に植えるだけでなく、流木や石などに活着させてレイアウトを作ることもできる。工夫しだいでいろいろな使い方ができ、レイアウトの幅が広がるだろう。

PART 1 ウィローモスを流木につける

ウィローモスは凹凸があれば、どんなものにでも活着する性質があるため、流木などに活着させて使われることが多い。ここでは、より美しく活着させるための秘訣を覚えておきたい。

1 購入時の状態

まず、ハサミ・モスコットン（木綿糸）・流木・ウィローモス・バットを用意する。

2 ウィローモスをカット

ウィローモスをそのまま薄く敷いてもよいが、細かくカットしてからのほうがきれいにつく。

3 流木につける

水を入れたバットにウィローモスを入れ、その中に流木を入れて持ち上げれば薄くつく。

4 流木に糸で巻き付ける

均等に薄くウィローモスがついたら、モスコットンで巻く。

モスコットンで巻くときは、なるべく細かく巻くのがきれいに仕上げるこつである。ウィローモスが厚いと、下の部分が枯れるので注意する。

5 終了

モスコットンを巻き終えたら、仕上げに流水でむだなウィローモスを洗い流して完成である。

はじめてでも簡単！
水草水槽のセッティング Part 2

ミクロソリウムを流木につける

流木に活着したミクロソリウムはとてもよく目立って、美しいレイアウトを作りやすい。水景を作り直すときや移動するときも、そのまますぐに使えるため扱いやすいのだ。

1 必要なアイテム

必要なものは、流木とウッドタイト（園芸店でも色は違うが、ビニールタイトの名称で売られている）・ミクロソリウムである。今回は枝流木を使用しているが、穴あき流木やマングローブルーツなど、さまざまな流木が売られているので、自分のレイアウトに合うものを選べばよいだろう。

2 ミクロソリウムを細かく分ける

切り分けたミクロソリウムは、1株に15枚程度の葉数にする。

株分けの際は、ハサミを使ってむだな傷をつけないようにする。傷んだ葉もカットする。

3 流木にタイトをつける

ウッドタイトで流木にミクロソリウムを固定していく。

固定するときは、ウッドタイトを強く締めると、地下茎に傷がついて枯れるので注意する。

4 霧吹きをする

作業中は葉が乾かないよう、必ず霧吹きをするようにする。乾くと葉を傷めてしまう。

5 終了

自分のイメージしたところにつけて、バランスがよければ終了。くれぐれも乾かないように注意する。

PART 3 リシアを石につける

本来は水面に浮いて生活している、こけの仲間である。しかし、水中に沈めて育成もでき、適切な環境では気泡をたくさんつけて、非常にきれいな水景を作ることができる。

1 必要なアイテム

溶岩石や川石などの石・リシアライン(釣り用のてぐすでも可)・リシア・ウィローモスを用意する。リシアは浮力があり、ウィローモスとは違い物に活着することはできないので、ウィローモスにからめて水中育成することになる。

2 石にウィローモスをつける

リシアは物に活着できないので、下地となるウィローモスを溶岩石に薄く伸ばしてつける。

3 ウィローモスの上にリシアをつける

ウィローモスをつけた溶岩石の上に、リシアを薄く均等につけるようにする。

4 リシアを糸で巻く

リシアラインでしっかりときれいに巻きとめる。

しっかりと巻き終え、固定した状態のリシアストーン。

ウィローモスを巻きとめる際は、多少細かめにする。リシアの場合は、ある程度粗めにして、巻く力も強くせず、軽めに巻きとめるのがコツである。

5 終了

これですべて終了である。このほかにも、専用のプレート状の石や流木などにつけるときも同じやり方でできる。工夫しだいでいろいろな使い方ができるので、試してみるとよいだろう。

はじめてでも簡単！
水草水槽のセッティング Part 2

PART 4 水草マットを作る

マットタイプの水草を作っておけば、容易に水景を変えられる。今回は前景草としてよく使われるリシアと、グロッソスティグマでの作り方だが、ほかの水草でも行える。

リシア編

1 必要なアイテム

園芸店で扱っている鉢底ネット（適当な大きさに切る）と細かい砂利・リシアラインを用意する。

2 ネットに水草をセットする

ネットを2つ折りにし、その中に砂利を入れ、上にリシアを薄く敷いてリシアラインでとめる。

3 終了

二酸化炭素を入れた水槽に入れれば、約2週間でこのように状態よく育成できる。

グロッソスティグマ編

1 必要なアイテム

鉢底ネット・リシアライン・砂利・グロッソスティグマがあれば、誰にでも容易に作れる。

2 ネットに水草をセットする

リシアを作る手順と同じだが、グロッソはネットにはさむ際に強く押さえないよう注意する。

3 終了

約1ヵ月経過した状態のネット。適切な環境では、すぐにこのような状態にできる。

PART 5 ボルビディスを石につける

アフリカをイメージした水景には欠かすことのできない水草のひとつで、物体に活着した半透明の草姿から、幻想的なレイアウトを作ることができるだろう。

1 必要なアイテム

必要なものは、好みの岩・ハサミ・ウッドタイト・モスコットン・ボルビディス・ウィローモスである。岩を流木に変えてもよいだろう。

2 ポットを切る

状態のよいものは、ポットからはみ出すほど茎を伸ばしているので、ハサミでポットをはずす。

3 ウールをはずす

ポットをはずしたらつぎにロックウールをはずす。流水で洗うようにして、細かいところはピンセットなどを使って行うとよいだろう。

4 葉を切る

ボルビディスの場合、美しい草姿を作るには、いまついている葉を切り落とす必要がある。

葉を切り落とすのはもったいないように思われるが、思いきって切るようにする。切り落とすことで、とても美しい草姿に仕上げることができる。

5 完全に葉を切り落とす

すべての葉を落とした状態。このとき根元から切り落とすようにするが、新芽だけは残しておく。

はじめてでも簡単！
水草水槽のセッティング Part 2

6 タイトを使って岩に茎をつける

タイトを使って岩にしばりつける。このとき、タイトはやや長めにしておくとしばりやすいだろう。

岩につける位置を決めてしばるのだが、茎の先端を伸ばしたい方向に、ずれないように固定していく。

岩や流木に活着させ、背の高い水槽や大型水槽にレイアウトするとよいだろう。形のよい岩が見つからない場合は、自分で作るのもよい。作り方は、まず小さな岩をいくつか用意して、それをシリコンでくっつける。失敗のないように、まずはシリコンをつけずに岩を組んで、気に入った形にしてみる。好みの形ができたら、シリコンを岩につけて固定する。できあがったものはシリコンの灰汁が出るので、すぐには使わず、水に2～3日浸けて十分灰汁を取ってから使うようにする。残っていると魚やエビが死ぬ場合もあるので要注意。

しっかりと固定した状態。このようにいくつかバランスを見ながら、岩に固定していくようにする。

7 終了

すべての作業が終われば、あとは水槽に入れ新芽が出てくるのを待つだけだ。葉や地下茎の切り口から雑菌が入って、腐る場合があるので注意する。発芽を促進させるのに、ルートン（園芸店で入手可能）という調整剤を使うと効果がある。

8 その後の状態

2ヵ月ほど適切な環境で育成すると、このようにすばらしい草姿が見られる。やや低温で育てたほうがよいようで、特に切ったばかりの地下茎だけの状態のものは、高温では切り口が腐りやすい。最悪の場合は、すべて溶けてなくなる場合もある。

STEP 8 水草のレイアウト

水草のレイアウトを思いきり楽しむために。

現在はただ熱帯魚を飼うことから、水草をたくさん植え、水草中心で熱帯魚を飼うスタイルが流行っている。水草のレイアウトにはこつがいるので、しっかりと基本をおぼえよう。

これまでの状態

水草を植える基本となるフィルターや水槽のセッティングはできているだろう。

レイアウトを終えた水槽。今後、トリミングを繰り返すごとに美しくなる。

下準備が終わったら、いよいよ美しいレイアウト作製へ。

失敗のないように正しいセットの仕方をおぼえよう。水草は種類ごとに前景・中景・後景、成長速度や大きさがあり、それらを考えながらレイアウトをしていくのが、美しい水槽への第一歩である。

<真上から見た水槽の図>

1 底床の上にビニールシートを敷き、水を入れる

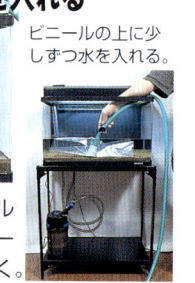

プラントサンドなどのソイル系の底床は、底床の上にビニールなどを敷いて水を入れていく。

ビニールの上に少しずつ水を入れる。

2 水を水槽の半分ほど入れる

半分しか水を入れないのは、水草を植えやすくし、乾燥を防ぐためだ。

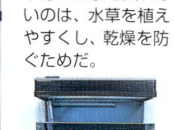

水槽に半分ほど水が入ったら止める。入れる水は必ず、塩素を中和したものを使用する。

Setting

はじめてでも簡単！
水草水槽のセッティング Part 2

3 ウィローモスのついた流木を入れる

まずはウィローモスつき流木をレイアウトしていく。水草つき流木は、容易に移動ができて楽だ。

4 ブリ草を入れる

吸水パイプをできるだけ見えないように隠したいので、やや大型に成長するブリ草を植えた。

5 植え込み後のバランスをみる

流木の位置を変えてバランスをみてみる。必要に応じてブリ草も移動させ、バランスをみる。

6 ミムファを植える

流木のやや後方にニムファを植える。ニムファはピンセットを使うより、手で植えるほうが容易。

7 植え込み後のバランスをみる

水草を植えたらこまめにバランスをみて、イメージと同じかを考える。実際に植えてみると、イメージと違うものになっているのが普通である。

8 エキノドルスを植える

大型に成長する細葉のエキノドルスを植え、後景を先に作り上げていく。葉幅が広い水草では目立ちすぎてしまうので、後景には細葉がよい。

79

9 レッド・カモンバを植える

茎の細い水草は、ピンセットを斜めにすると植えやすい。

ここで初めて、赤系のレッド・カモンバを数本植えてみる。

ほかの後景水草も植え終わった状態でバランスを考える。

　ここではレッド・カモンバを使っているが、もちろんほかの水草を使ってもよい。例えばルドウィジアなどもきれいで、レイアウトのポイントには適している。赤系の水草は使い方がむずかしく、あまり多く入れるとしつこいレイアウトになるので、ポイント的使い方がよい。ただ、ひと口に赤といっても、淡い色から濃い色までさまざまだ。

10 ラージ・ナヤスを植える

ピンセットを斜めに使い、ラージ・ナヤスを1本ずつ植える。

ラージ・ナヤスは茎がとても折れやすいので、慎重に植える。

本数が多いが、根気よくすべて植えると、このようになる。

　前景草となるラージ・ナヤスを植えるときに、ピンセットで茎に傷をつけないよう注意する。植える数も多く、同じ作業の繰り返しなので飽きやすいが、ここで手を抜くと美しいレイアウトは作れない。60cmくらいの水槽ならそれほど時間もかからないが、大型水槽だと当然量も多くなり、数種植えるだけで数時間〜半日ほどかかる。根気よく行うのがきれいなレイアウトにするコツだ。

はじめてでも簡単！
水草水槽のセッティング　Part 2

11 ジャワ・ファンを植える

水生シダの仲間のジャワ・ファンを植える。透明感ある葉がとても美しく、よいアクセントになる。

12 バランスをみる

ほぼ水草の植え込みは終了であるが、ここでもう一度バランスをみて、おかしければ直す。

13 エキノドルスを植える

チェーン・アマゾン系のエキノドルスを植える。ほかのエキノドルスに比べ葉が傷つきやすいので、植えるときは注意する。

ピンセットをうまく使えるようになれば、植え込みにかかる時間がぐんと短くなる。ピンセットの先は細物が使いやすい。

最後のバランスをとる。ここでバランスが悪ければ、何度でも植え替えてみる。バランスをみるときは、水草が成長したときのことを考える。

14 ウィローモスを入れる

最後にウィローモスを入れて、すべてが植え終わった。底床が乱れているので、きれいにならす。

15 水草の植え込み終了

植え込みが終了した状態では、まだいまいちの出来だが2〜3ヵ月で完成度の高い水槽になる。

81

16 水槽の水を増やす

あまりにも水が濁っている場合は、一度水を抜いてから入れる。底床にソイル系を使っている場合は、細かいかすが葉についてしまい、そのまま取らずに水を増やしてしまうとこけの原因になる。

17 水槽の中のゴミをすくう

水草を植えると葉がちぎれたりするなど、どうしてもゴミが水面に浮くので、ネットできれいにすくい取るようにする。水を入れた勢いで水草が抜けたりするので、見逃さないように植え直す。

18 肥料を与える

雷おこしのような形をした固形肥料。

この固形肥料は水草の根元に使用する。

ピンセットで根の真下に埋める。

水草の肥料は大きく分けると固形と液体になるが、水草の種類や状態により使い分ける。固形肥料は、エキノドルスに代表されるロゼット状の水草に使い、液体肥料は、茎から根を出す有茎種に使うのがよいだろう。メーカーにより肥料の成分が違い、鉄分が多いものやカリ成分の多いものなどさまざまなので、バランスのよいものを選ぶことが大切だ。わからない場合は専門店で相談するとよい。

液体肥料は一度に規定量を入れるのではなく、毎日少しずつ入れる。

はじめてでも簡単！
水草水槽のセッティング Part 2

この段階ではいまいちバランスが悪いのだが、これから水草が成長し、トリミングを繰り返すことでよくなってくる。

19 水草水槽の完成

これで完成だが、いかにこの水槽を維持するかが問題であり、また楽しみでもある。底床にソイル系を使うと、はじめは含まれている天然肥料が水に溶け出してこけに悩まされるが、めげずに対処すれば水草が成長し、美しい水景ができる。

水景ができたら、水草に合う熱帯魚やこけ取りのエビを入れる。

魚は袋ごと数十分浮かべ水温を合わせる。

水を少しずつ入れ、魚を水槽に放す。

こけ取り名人のオトシン。　働き者のヤマトヌマエビ。

水草水槽には小型の熱帯魚がよく似合う。セット初期の水槽では、必ずといってよいほどこけに悩まされるので、そうならないように、こけ取り用の魚やエビを入れておくとよい。

83

水草ガーデニング Q&A
2 日ごろのメンテナンスの疑問編

Q 水換えはどのくらいの頻度で行うのがよい？

A これもむずかしい質問だが、水槽に入っている魚の量や水草の種類、また水草のコンディションなどにより異なってくる。一般的な方法としては、"1週間に一度"などのように、自分なりのサイクルで、定期的に行うのがベストな方法といえるだろう。

Q 外部式フィルターの掃除の頻度は？

A 掃除の目安が、一番むずかしい質問である。これは飼育者でなければわからないことだからだ。とはいっても、基本的には1カ月に一度は行いたい。特に、ソイル系の底床の場合はこまめに行うほうが、ろ材の目詰まりなどのトラブルが少なくなる。

Q 底床の掃除を上手にするコツは？

A 底床掃除の水換え専用器具があるので、これを使って水換え時に掃除するようにする。底床の掃除をこまめにすることで、こけ対策にもなるので、定期的に行いたい。

Q ソイル系の底床は、交換しなくてもいいの？

A 基本的には交換したほうがいいだろう。目安としては、おおよそ1年から2年くらいだが、ソイルの粒が崩れて細かいものが多くなってきたら、底床の交換時期といえる。

Q 蛍光管の交換時期の目安を教えて。

A 蛍光管をそれこそ切れるまで使っている人も多いと思うが、毎日使っていると傷みも早いので、最低でも1年に一度は交換するようにしたい。また、デリケートな水草が多く植えられた水槽では、半年に1度くらいを目安にするのがよいだろう。

Q 照明器具が、蛍光灯の熱で熱くなっているが問題ない？

A だいじょうぶ。どうしても心配なら、小型のファンで冷やす方法もある。また製品によっては、熱の発生を抑えたものもあるから、心配ならそれらを使用するとよい。

Q 夏場の高水温時の対策で、よい方法は？

A 夏期は気温がただでさえ高いうえに、蛍光灯の熱もあるので、かなりの高水温になってしまう。照明器具を市販のリフトなどのグッズを使用しても ち上げ、ガラスぶたを外して小型ファンを回せば、2〜3℃は水温が下がる。より下げたい場合は、水槽専用のクーラーを使用するとよいだろう。

Part 3

水草ガーデニングにぴったり！
世界の水草カタログ145種

水草ガーデニングの主役である水草も、熱帯魚同様多くの種類があり、珍しい種をコレクションするマニアもいるほどの人気。水草水槽にぴったりの145種をセレクト。お楽しみいただきたい。

ラージリーフ・ハイグロフィラ 　　パール・グラス 　　キペルス・ヘルムシー

ウィローモス 　　クリプトコリネ・アフィニス 　　ルドウィジア・セディオイデス

ACT 1 ◆初・中級者向け水草編

ハイグロフィラ・ポリスペルマ
Hygrophila polysperma

有茎種の水草の代表種である。とても丈夫で容易に育成できるために、古くから初心者にも大変人気が高い水草だ。レイアウトでは、中景から後景に使用するとバランスの良い美しい群生を作れる。

分布	インド	高さ	20～50cm
水質	弱酸性～弱アルカリ性	水温	20～30℃
光量	20W×2	CO_2	少なめ
育てやすさ	やさしい	ふつう	ややむずかしい	むずかしい

ハイグロフィラ・ロザエネルビス
Hygrophila polysperma var. "rosanervis"

ハイグロフィラの突然変異株を固定した品種で、葉に入る斑のピンク色がとても美しい。育成は容易で、初心者におすすめの水草のひとつ。肥料が少なくなると、斑が薄れてしまうので注意が必要である。

分布	改良品種	高さ	20～50cm
水質	弱酸性～弱アルカリ性	水温	20～30℃
光量	20W×2	CO_2	少なめ
育てやすさ	やさしい	ふつう	ややむずかしい	むずかしい

ハイグロフィラ・ポリスペルマ"ブロードリーフ"
Hygrophila polysperma "Broad-leaf"

ハイグロフィラ・ポリスペルマの地域変異と考えられているが、改良品種の可能性もある。基本種よりも葉幅があり、レイアウトの中でも使いやすい種だ。とても丈夫なので、差しもどしで簡単に殖やせる。

分布	タイ	高さ	20～50cm
水質	弱酸性～弱アルカリ性	水温	20～30℃
光量	20W×2	CO_2	少なめ
育てやすさ	やさしい	ふつう	ややむずかしい	むずかしい

ラージリーフ・ハイグロフィラ
Hygrophila stricta

やや大型に成長するハイグロフィラの仲間で、葉の色が明るい緑色のため、レイアウトの中ではセンタープランツとして使われる。丈夫な水草であるが、光量が不足すると、下のほうの葉が落ちるように枯れてしまう。

分布	タイ	高さ	20～50cm
水質	弱酸性～弱アルカリ性	水温	20～30℃
光量	20W×2	CO_2	少なめ
育てやすさ	やさしい	ふつう	ややむずかしい	むずかしい

Aqua Plants

水草ガーデニングにぴったり！
世界の水草カタログ145種 *Part 3*

Aqua Plants

ウォーター・ウィステリア
Hygrophila difformis

葉の形状に特徴のある水草で、栽培条件によって、丸葉からきれいなギザギザの切れ込みがある葉へと変化する。一風変わった水景である。とても丈夫で、初心者でも簡単に育てることができるだろう。

分布	インド、タイ、マレーシア	高さ	20〜50cm
水質	弱酸性〜弱アルカリ性	水温	20〜30℃
光量	20W×2	CO2	少なめ
育てやすさ	やさしい	ふつう	ややむずかしい	むずかしい

グリーン・ロタラ
Rotala rotundifolia var.

ロタラ・ロトンディフォリアの緑版の草で、原種なのか改良品種なのかは定かでない。小さな葉が密につき、栽培条件によって地を這うように成長したり、上に成長したりするので幅広くレイアウトに使用できる。

分布	不明	高さ	20〜50cm
水質	弱酸性〜弱アルカリ性	水温	20〜30℃
光量	20W×2	CO2	少なめ
育てやすさ	やさしい	ふつう	ややむずかしい	むずかしい

ロタラ・マクランダ"ナローリーフ"
Rotala macranda sp.

通常種と違い葉幅の細いタイプで、葉の色が暗紅色になる人気の高い水草である。レイアウトで使う場合は、数本をまとめ植えすると見ばえのある水景を作ることができる。高温には弱いので注意が必要。

分布	インド	高さ	20〜50cm
水質	弱酸性〜弱アルカリ性	水温	20〜30℃
光量	20W×2	CO2	少なめ
育てやすさ	やさしい	ふつう	ややむずかしい	むずかしい

ロタラ・ナンシアン
Rotala sp.

ショップではマヤカsp.などと、別の名前で売られていることが多い水草である。水質にもあまりうるさくなく、葉が細かく密につくために、20〜30本を群生させることで美しい水景を作ることができる。

分布	東南アジア	高さ	20〜50cm
水質	弱酸性〜弱アルカリ性	水温	20〜30℃
光量	20W×2	CO2	少なめ
育てやすさ	やさしい	ふつう	ややむずかしい	むずかしい

ACT 1 ◆初・中級者向け水草編

ルドウィジア・インクリナータ
Ludwigia incrinata

ルドウィジアの仲間としては変わった種で、薄いオレンジ色の葉が美しい水草。やや育成がむずかしいが、ソイル系の底床を使用すれば、問題なく育成できる。葉が傷つきやすく、貝の食害を受けやすい。

分布	南米	高さ	20〜50cm
水質	弱酸性〜中性	水温	20〜30℃
光量	20W×2	CO₂	少なめ
育てやすさ	やさしい	ふつう	ややむずかしい	むずかしい

ヘテランテラ・ゾステリフォリア
Heteranthera zosterifolia

栽培が容易で、古くから水草レイアウトに使われている美しい水草。育成条件によって地を這うように伸びたり上へと伸びたりするが、光量によって調整できる。数十本をまとめ植えすると美しい。

分布	南米	高さ	10〜20cm
水質	弱酸性	水温	20〜30℃
光量	20W×2	CO₂	少なめ
育てやすさ	やさしい	ふつう	ややむずかしい	むずかしい

パール・グラス
Micranthemum micranthemoides

小さな葉が密につく水草で、数十本まとめ植えするとレイアウトに使いやすい。栽培は容易で、トリミングしたものを差しもどせば、いくらでも殖やすことができる。水質が合わないと溶けるように枯れるので注意。

分布	北米	高さ	10〜20cm
水質	弱酸性〜弱アルカリ性	水温	20〜25℃
光量	20W×2	CO₂	少なめ
育てやすさ	やさしい	ふつう	ややむずかしい	むずかしい

ニュー・パールグラス
Hemianthus sp.

パール・グラスに似ているが、葉の色が透明感のある緑色をしているので容易に区別することができる。地を這うように成長するため、前景草に用いられることが多い。エビなどの食害には注意したい。

分布	南米	高さ	10〜20cm
水質	弱酸性〜中性	水温	20〜25℃
光量	20W×2	CO₂	少なめ
育てやすさ	やさしい	ふつう	ややむずかしい	むずかしい

水草ガーデニングにぴったり！
世界の水草カタログ145種 Part 3

Aqua Plants

オランダ・プラント
Eusteralis stellata

改良品と思われる数種が入荷しているが、なかでも本種は栽培しやすく人気が高い。トリミングを行う場合は、注意しないと頂芽がつぶれやすいので、切りたい場所の節間のやや上を切るのがコツである。

分布	東南アジア	高さ	20～30cm
水質	弱酸性～中性	水温	20～25℃
光量	20W×2	CO_2	普通
育てやすさ	やさしい	ふつう	ややむずかしい	むずかしい

エイクホルニア・ディバーシフォリア
Eichhornia diversifolia

小型のエイクホルニアで、前出のヘテランテラとよく似ている。浮き葉を出しやすくまめなトリミングが必要であるが、葉が傷つきやすいので注意したい。レイアウトでは数本まとめ植えするとよい。

分布	南米	高さ	10～30cm
水質	弱酸性～中性	水温	20～28℃
光量	20W×2	CO_2	少なめ
育てやすさ	やさしい	ふつう	ややむずかしい	むずかしい

バリスネリア・スピラリス
Vallisneria spiralis

水草を始める際に専門店ですすめられるのがこの水草である。とても丈夫で、CO_2の添加していない水槽でも十分に育てることができ、ランナーによって殖える。まとめ植えすると美しいレイアウトができる。

分布	世界各地	高さ	20～50cm
水質	弱酸性～弱アルカリ性	水温	20～30℃
光量	20W×2	CO_2	少なめ
育てやすさ	やさしい	ふつう	ややむずかしい	むずかしい

スクリュー・バリスネリア
Vallisneria natans

日本に分布している水草で、東南アジアの水草ファームで栽培されたものが輸入されている。とても丈夫で、葉がらせん状にねじれているのが特徴。まとめ植えするとレイアウトで目立つ存在になる。

分布	日本	高さ	20～50cm
水質	弱酸性～弱アルカリ性	水温	20～30℃
光量	20W×2	CO_2	少なめ
育てやすさ	やさしい	ふつう	ややむずかしい	むずかしい

ACT 1 ◆ 初・中級者向け水草編

ウォーター・バコパ
Bacopa carorlinina

バコパの仲間の中でも、特に栽培の容易な水草である。水中葉では、肥料分が多いとやや赤味を帯びた美しい水草になる。10～20本をまとめ植えすると美しいレイアウトを作ることができるだろう。

分布	南米	高さ	20～50cm
水質	弱酸性～中性	水温	20～30℃
光量	20W×2	CO_2	少なめ
育てやすさ	やさしい	ふつう	ややむずかしい　むずかしい

アルテルナンテラ・レインキー
Alternanthera reineckii

赤系の水草の代表種で、古くから親しまれている水草である。栽培も比較的容易な部類に入るが、美しく栽培するには、CO_2と肥料の添加が有効である。購入する際は、茎が黒ずんでいるものは避けたい。

分布	南米	高さ	20～50cm
水質	弱酸性～中性	水温	20～25℃
光量	20W×2	CO_2	多め
育てやすさ	やさしい	ふつう	ややむずかしい　むずかしい

アルテルナンテラ・リラチナ
Alternanthera sessilis var. lilacina

大型になる赤系水草で、水中葉は赤味の強いワインレッドでとても美しい。やや栽培がむずかしく、茎が黒ずんで立ち枯れしやすいが、上手に育てれば見ごたえある草体になる。CO_2や液肥の添加は有効である。

分布	南米	高さ	20～50cm
水質	弱酸性～中性	水温	20～25℃
光量	20W×2	CO_2	多め
育てやすさ	やさしい	ふつう	ややむずかしい　むずかしい

ブリクサ"ショートリーフ"
Blyxa sp.

ブリクサの仲間の中では小型で、栽培はわりに容易である。エビや貝に食害されやすく、葉に傷がつくとバラバラになって、枯れてしまうので注意が必要。状態よく育った株は、株分けでよく増える。

分布	東南アジア	高さ	20～50cm
水質	弱酸性	水温	20～30℃
光量	20W×2	CO_2	多め
育てやすさ	やさしい	ふつう	ややむずかしい　むずかしい

Aqua Plants

水草ガーデニングにぴったり！
世界の水草カタログ145種　Part 3

Aqua Plants

ナヤス・コンフェルタ
Najas confelta

ナヤスの仲間の中ではやや大型で丈夫な種。ほかのナヤスはていねいに扱わないと茎節がバラバラになってしまうが、本種は分離しにくく、多少雑に扱っても大丈夫なのでレイアウトにも使いやすい。

分布	南米	高さ	20～50cm
水質	弱酸性～中性	水温	20～30℃
光量	20W×2	CO_2	少なめ
育てやすさ	やさしい	ふつう	ややむずかしい	むずかしい

カーナミン
Cardamine lyrata

円形の葉の基部に深いくびれをもつ変わった水草。産地により多少の変異があり、この仲間は日本にも自生している。レイアウトでは前景から中景で使われることが多い。こけがつきやすいので要注意。

分布	日本、東南アジア	高さ	20～50cm
水質	弱酸性～弱アルカリ性	水温	20～30℃
光量	20W×2	CO_2	少なめ
育てやすさ	やさしい	ふつう	ややむずかしい	むずかしい

ウォーター・カーナミン
Lindernia anagallis

カーナミンとよばれて店頭に並んでいるものには数種類あり、本種はウォーター・カーナミンとして区別して売られている。20～30本をまとめ植えするとレイアウトの中でも多くの群生を作ることができる。

分布	日本、東南アジア	高さ	20～50cm
水質	弱酸性～弱アルカリ性	水温	20～30℃
光量	20W×2	CO_2	少なめ
育てやすさ	やさしい	ふつう	ややむずかしい	むずかしい

アマゾン・チドメグサ
Hydrocotyle leucocephala

カーナミンなどに似ているが、本種はやや大型に成長する。有茎草なのだが、まるでイモのつるのように成長する変わった水草だ。栽培は容易だが、肥料不足になりやすいので、液肥の添加は有効である。

分布	南米	高さ	20～30cm
水質	弱酸性～弱アルカリ性	水温	20～25℃
光量	20W×2	CO_2	多め
育てやすさ	やさしい	ふつう	ややむずかしい	むずかしい

ACT 1 ◆初・中級者向け水草編

ロベリア・カージナリス
Lobelia cardinalis

ひと昔前まではレイアウトには欠かせない水草だったが、以前に比べて使われることが少なくなってしまった。しかし、初心者にも容易に育成でき、レイアウトに使いやすいのでおすすめしたい水草である。

分布	北米	高さ	5〜15cm
水質	弱酸性〜中性	水温	20〜25℃
光量	20W×2	CO_2	多め
育てやすさ	やさしい	ふつう	ややむずかしい	むずかしい

ウォーター・ナスタチュウム
Rorippa aquatica

ロゼット型の水草だが、水質や光量によって葉の形がいろいろと変化し、とても同じ水草とは思えないほどになる。そのため、育成していてとても楽しい水草だ。幅広い水質への適応力で、栽培も比較的容易である。

分布	ヨーロッパ	高さ	10〜15cm
水質	弱酸性〜弱アルカリ性	水温	15〜25℃
光量	20W×2	CO_2	多め
育てやすさ	やさしい	ふつう	ややむずかしい	むずかしい

サウルルス
Saururus cernuus

別名ハンゲショウとよばれ、観葉植物のようにも見えるが、完全に水中化できるれっきとした水草である。水中葉では小型化してしまうが、その分レイアウトに使いやすく、数多く植えると見ごたえがある。

分布	北米	高さ	10〜20cm
水質	弱酸性〜弱アルカリ性	水温	20〜30℃
光量	20W×1	CO_2	多め
育てやすさ	やさしい	ふつう	ややむずかしい	むずかしい

ウォーター・スプライト
Ceratopteris cornuta

古くからアクアリウムで親しまれている水草で、現在でも人気が高い。丈夫で水面に浮かせてもよく育つが、水質の急変には弱い面がある。そのため、水槽内の水質を見極める目安としても使われている水草だ。

分布	東南アジア	高さ	20〜50cm
水質	弱酸性〜弱アルカリ性	水温	20〜30℃
光量	20W×1	CO_2	普通
育てやすさ	やさしい	ふつう	ややむずかしい	むずかしい

水草ガーデニングにぴったり！
世界の水草カタログ145種 Part 3

Aqua Plants

ベトナム・スプライト
Ceratopteris thalicroides forma "VIETNAM"

アメリカン・スプライトの地域変異で、通常種より特に細かい葉をもつスプライト。本種も前出の種同様に浮かせても育成でき、とても丈夫で簡単に育てることができるので、初心者にもおすすめである。

分布	ベトナム	高さ	20～50cm
水質	弱酸性～中性	水温	20～28℃
光量	20W×2	CO_2	普通
育てやすさ	やさしい	ふつう	ややむずかしい	むずかしい

ホトニア・パルストリス
Hottonia palustris

やや育成のむずかしい小型種で、水質がうまく合わないと溶けるようにして枯れてしまう、少々癖のある水草といえる。ある程度の水草育成経験が必要だが、うまく育成できた本種はとても美しい。

分布	北米	高さ	10～15cm
水質	弱酸性～中性	水温	15～25℃
光量	20W×2	CO_2	普通
育てやすさ	やさしい	ふつう	ややむずかしい	むずかしい

斑入・アコルス
Acorus gramineas forma vaviegatus

本来はテラリウムなどで使うとよいのだが、水中でも維持することができる水草。ただし、葉数は水中ではあまり出ないため、複数株を寄せ植えするとよい。あくまでも一時的に育成できる水草である。

分布	東南アジア	高さ	20～30cm
水質	弱酸性～弱アルカリ性	水温	20～30℃
光量	20W×2	CO_2	普通
育てやすさ	やさしい	ふつう	ややむずかしい	むずかしい

キペルス・ヘルムシー
Cyperus helferi

前出のアコルスに似ているが、本種は水中育成が容易。葉数が多く明るめの葉色をしているために、シンプルなレイアウトに似合う水草である。葉の表面に茶色いこけがつきやすいので注意が必要。

分布	東南アジア	高さ	20～30cm
水質	弱酸性～弱アルカリ性	水温	20～30℃
光量	20W×2	CO_2	多め
育てやすさ	やさしい	ふつう	ややむずかしい	むずかしい

ACT 1 ◆ 初・中級者向け水草編

ピグミー・サジタリア
Sagittaria sbulata var. pusilla

前景草の代表的な水草で、古くからアクアリウムに用いられ、現在でも人気の高い水草である。水質の適応力が強くよく殖えるので、レイアウト作成の際にとても使いやすい。エビなどの食害に注意したい。

分布	北米	高さ	5〜10cm
水質	弱酸性〜弱アルカリ性	水温	15〜25℃
光量	20W×2	CO_2	普通
育てやすさ	やさしい	ふつう	ややむずかしい	むずかしい

ヘアー・グラス
Eleocharis acicularis

ヘアー・グラスの仲間には数種類あり、小型から大型に成長するものまで入手できる。本種だけで作るレイアウトも人気が高く、涼しげな水景ができる。丈夫な水草だがこけに覆われやすいので注意が必要。

分布	世界各地	高さ	5〜15cm
水質	弱酸性〜中性	水温	15〜28℃
光量	20W×2	CO_2	普通
育てやすさ	やさしい	ふつう	ややむずかしい	むずかしい

コブラ・グラス
Lilaeopsis novae-zelandiae

前景草によく使われる水草で、本種で作る前景はとても美しい。しかし、育成がややむずかしい面もあり、水質の急変には弱い。ランナーで殖えるタイプなので、水質さえ合えば容易に増やすことができる。

分布	南米、オーストラリア	高さ	5〜15cm
水質	弱酸性〜弱アルカリ性	水温	15〜25℃
光量	20W×2	CO_2	多め
育てやすさ	やさしい	ふつう	ややむずかしい	むずかしい

ピグミー・マッシュルーム
Hydrocotyle vulgaris

小さな丸い葉がとても可愛らしい水草である。葉を密につけることがむずかしく、ほかの前景草と組み合わせて使用するとよい。育成は容易でよく殖える種だがこけがつきやすいので注意が必要。

分布	改良品種	高さ	5〜10cm
水質	弱酸性〜弱アルカリ性	水温	15〜25℃
光量	20W×2	CO_2	多め
育てやすさ	やさしい	ふつう	ややむずかしい	むずかしい

水草ガーデニングにぴったり！
世界の水草カタログ145種 *Part 3*

グロッソスティグマ・エラチノイデス
Glossostigma elatinoides

前景草として人気の高い水草で、這うように美しく繁茂する。CO_2の添加がとても重要で、やや多めに添加するとうまく育成できる。本来有茎種の水草のため、まめにトリミングをしないと上へ上へと伸びてしまう。

分布	ニュージーランド	高さ	2〜3cm
水質	弱酸性〜中性	水温	15〜25℃
光量	20W×2	CO_2	多め
育てやすさ	やさしい	ふつう	ややむずかしい	むずかしい

ウィローモス
Taxiphyllum barbieri

目にする機会の多い最もポピュラーな水草のひとつ。こけの仲間である本種は、流木や石などに活着する。育成は簡単でよく殖えるため、まめにトリミングを行う。こけは、エビで容易に駆除できる。

分布	世界各地	高さ	2〜10cm
水質	弱酸性〜中性	水温	10〜30℃
光量	20W×2	CO_2	普通
育てやすさ	やさしい	ふつう	ややむずかしい	むずかしい

リシア
Riccia fluitans

ウィローモスより明るい葉をもつこけの仲間で、本来は水面に浮いて成長する種だ。水中で育てる場合、ウィローモスなどに絡ませて育成するとよい。強めの光とやや多めのCO_2が育成のポイントである。

分布	東南アジア、日本	高さ	2〜5cm
水質	弱酸性〜中性	水温	20〜25℃
光量	20W×2	CO_2	多め
育てやすさ	やさしい	ふつう	ややむずかしい	むずかしい

アンブリア
Limnophila sessiliflora

一般的な水草の代表種であるが、意外に育成がむずかしい。特に夏場の入荷状態が悪いようで、溶けるようにして枯れる場合がある。購入時には茎の傷みに気をつけること。一部、日本にも自生している。

分布	東南アジア、日本	高さ	10〜30cm
水質	弱酸性〜弱アルカリ性	水温	15〜28℃
光量	20W×2	CO_2	少なめ
育てやすさ	やさしい	ふつう	ややむずかしい	むずかしい

ACT 1 ◆初・中級者向け水草編

ジャイアント・アンブリア
Limnophila aquatica

大型のアンブリアで、古くから人気の高い水草のひとつである。レイアウトの中では数本を植えるとよく目立つ存在になる。栽培はわりに容易であるが、CO_2を多く添加すると間のびしやすくなるので注意したい。

分布	インド、スリランカ	高さ	20～30cm
水質	弱酸性	水温	20～28℃
光量	20W×2	CO_2	普通
育てやすさ	やさしい	ふつう	ややむずかしい	むずかしい

カモンバ
Cabomba caroliniana

金魚藻としてよく知られている水草で、但温にも強く日本にも帰化している。一般的に金魚や川魚のレイアウトに使用されることが多いが、熱帯魚の水草としても十分に楽しめる丈夫な水草である。

分布	北米、日本	高さ	20～30cm
水質	弱酸性～弱アルカリ性	水温	10～28℃
光量	20W×1	CO_2	少なめ
育てやすさ	やさしい	ふつう	ややむずかしい	むずかしい

レッド・カモンバ
Cabomba piauhyensis

赤系水草の入門種といえる種類で、色彩は全体的に赤紫色をしている。水草ファームの違いにより色彩が異なる場合があるようだ。肥料不足になりやすいので、追肥には鉄分を多く含む液体肥料が有効。

分布	南米	高さ	15～30cm
水質	弱酸性～弱アルカリ性	水温	20～25℃
光量	20W×2	CO_2	少なめ
育てやすさ	やさしい	ふつう	ややむずかしい	むずかしい

アナカリス
Egeria densa

本種もカモンバと並んで、金魚藻として売られていることが多い。現在では日本の川や湖にも帰化しているので、目にする機会も多いだろう。栽培も容易で成長が速いため、まめなトリミングが必要である。

分布	北米、日本	高さ	10～30cm
水質	弱酸性～弱アルカリ性	水温	10～28℃
光量	20W×1	CO_2	少なめ
育てやすさ	やさしい	ふつう	ややむずかしい	むずかしい

Aqua Plants

水草ガーデニングにぴったり！
世界の水草カタログ145種 Part 3

Aqua Plants

エビモ
Potamogeton crispus

日本にも自生している本種は、南米をのぞく全世界に分布している水草だ。透明感のある濃い緑色の葉は美しく、レイアウトの中では涼しげな感じを与えてくれる。ただし、育成していると間のびしやすい。

分布	日本	高さ	10〜20cm
水質	弱酸性〜弱アルカリ性	水温	10〜25℃
光量	20W×1	CO_2	普通
育てやすさ	やさしい	ふつう	ややむずかしい	むずかしい

タチモ
Myriophyllum ussuriense

日本各地に自生する水草で、ロシアや中国などにも分布する。水槽内で使われることは少なかったが、小型種であるため、近年はレイアウトに使われるようになった。葉が細かく繊細で、美しい水草である。

分布	日本	高さ	10〜30cm
水質	弱酸性〜弱アルカリ性	水温	10〜28℃
光量	20W×2	CO_2	多め
育てやすさ	やさしい	ふつう	ややむずかしい	むずかしい

ガシャモク
Potamogeton dentaus

日本に自生する水草だが、現在では環境破壊が進んで入手が困難になってしまった。一部の愛好家や専門店の手によって殖やされたものが売られている。栽培はややむずかしく葉が縮小してしまう場合がある。

分布	日本	高さ	20〜50cm
水質	弱酸性〜中性	水温	10〜28℃
光量	20W×2	CO_2	多め
育てやすさ	やさしい	ふつう	ややむずかしい	むずかしい

ミクロソリウム・プテロプス
Microsorium pteropus

とても丈夫な水草で、これから水草を育てたいという初心者にショップがすすめる水草のひとつ。石や流木などに活着するため、利用価値の高い水草でもある。夏場の高温には弱いので少々注意が必要。

分布	東南アジア	高さ	10〜30cm
水質	弱酸性〜中性	水温	20〜25℃
光量	20W×1	CO_2	普通
育てやすさ	やさしい	ふつう	ややむずかしい	むずかしい

ACT 1 ◆初・中級者向け水草編

ミクロソリウム "セミナロー"
Microsorium sp.

東南アジアの水草ファームから送られてくるが、野生種なのか改良種なのかは定かではない。基本種に比べ葉幅が狭く細かく見えるため、小型の水槽でも利用することができる。高温には弱いため注意が必要。

分布	ボルネオ島	高さ	20〜30cm
水質	弱酸性〜中性	水温	20〜25℃
光量	20W×1	CO_2	普通
育てやすさ	やさしい	ふつう	ややむずかしい	むずかしい

ミクロソリウム "ウィンドローブ"
Microsorium pteropus "windelov"

ミクロソリウムの突然変異株を固定した、変わった草姿の水草である。存在感があるのでレイアウトのポイントに使うとよい。シダ類は夏場にシダ病とよばれる病気になりやすく、高温には注意したい。

分布	改良品種	高さ	20〜30cm
水質	弱酸性〜中性	水温	20〜25℃
光量	20W×1	CO_2	少なめ
育てやすさ	やさしい	ふつう	ややむずかしい	むずかしい

ボルビティス・ヒデロッティー
Bolbitis heudelotii

透明感のある葉が美しいシダの仲間で、アフリカをイメージしたレイアウトには欠かせない水草だ。栽培はわりに容易で、砂に植えるよりも流木などにつけて育成したほうがよく成長する。CO_2の添加も有効である。

分布	アフリカ	高さ	10〜30cm
水質	弱酸性	水温	20〜28℃
光量	20W×2	CO_2	普通
育てやすさ	やさしい	ふつう	ややむずかしい	むずかしい

バナナ・プラント
Nymphoides aquatica

変わった草姿をした水草で、殖芽がバナナの房によく似ていることが名前の由来となっている。砂に埋めず、砂の上に置くようにするとよい。殖芽は葉を出すので、早めに浮き葉をトリミングする。

分布	アメリカ・フロリダ半島	高さ	5〜10cm
水質	弱酸性〜中性	水温	20〜28℃
光量	20W×2	CO_2	普通
育てやすさ	やさしい	ふつう	ややむずかしい	むずかしい

水草ガーデニングにぴったり！
世界の水草カタログ145種 Part 3

タイ・ニムファ
Nymphaea stellata

三角型の葉が特徴で、最も手軽に入手できる球根種。育成はわりに容易だが、浮き葉を出しやすいので、こまめなトリミングが必要である。球根から出た株を切り離し、砂に植えれば容易に殖やすことができる。

分布	東南アジア	高さ	5～10cm
水質	弱酸性～中性	水温	20～28℃
光量	20W×1	CO_2	少なめ
育てやすさ	やさしい	ふつう	ややむずかしい	むずかしい

セイロン・ヌパール"グリーン"
Nymphaea lotus var. pubescens "GREEN"

円形で淡い緑色の葉が美しい人気の高い球根類。水質にもあまりうるさくなく、育てやすいので初心者にもすすめられる水草である。光量が多いと浮き葉を出しやすくなってしまうで注意が必要。

分布	スリランカ	高さ	10～15cm
水質	弱酸性～中性	水温	20～28℃
光量	20W×2	CO_2	少なめ
育てやすさ	やさしい	ふつう	ややむずかしい	むずかしい

セイロン・ヌパール"レッド"
Nymphaea lotus var. pubescens "RED"

セイロン・ヌパールのレッドタイプで美しい人気種。本種の名前で数種類の異なる水草が見られ、この中にはまれに珍種が交じっていることがあり興味深い。本種も浮き葉を出しやすいので注意が必要である。

分布	スリランカ	高さ	10～15cm
水質	弱酸性～弱アルカリ性	水温	20～28℃
光量	20W×2	CO_2	少なめ
育てやすさ	やさしい	ふつう	ややむずかしい	むずかしい

クリナム・アクアティカ"ナローリーフ"
Crinum calamistratum

丈夫でCO_2を添加していない水槽でもよく育ち、大型化する種だ。小型の水槽で使う場合はちょっとしたコツが必要で、根をいじめてやれば出てくる葉は小型化する。肥料は固形肥料が有効である。

分布	アフリカ	高さ	20～50cm
水質	弱酸性～中性	水温	20～28℃
光量	20W×2	CO_2	普通
育てやすさ	やさしい	ふつう	ややむずかしい	むずかしい

ACT 1 ◆初・中級者向け水草編

アヌビアス・ナナ
Anubias barteri var. nana

古くから大変親しまれている水草で、現在でもその人気は変わらない。流木などに活着させることも可能で、幅広く使用できる水草である。丈夫でよく殖える点も、人気種になった要因のひとつである。

分布	アフリカ	高さ	10〜20cm
水質	弱酸性〜弱アルカリ性	水温	20〜30℃
光量	20W×2	CO_2	少なめ
育てやすさ	やさしい	ふつう	ややむずかしい	むずかしい

アヌビアス・ナナ"プッチ"
Anubias barteri var. nana

アヌビアス・ナナを小型化した改良種で、人気が高いので輸入量も多く入手しやすい。栽培も容易で、流木や石などにも活着して扱いやすい。ただし、成長が遅いためにこけに侵されやすく、注意が必要である。

分布	アフリカ	高さ	10〜20cm
水質	弱酸性〜弱アルカリ性	水温	20〜30℃
光量	20W×2	CO_2	少なめ
育てやすさ	やさしい	ふつう	ややむずかしい	むずかしい

アヌビアス・ナナ"ナローリーフ"
Aanubias baruteri var. nana

本種もアヌビアス・ナナの改良品種で、通常種よりも葉幅が狭くなっている。栽培はほかのアヌビアス同様に容易だが、株分けの際に切断面から細菌に侵されやすく、腐ってしまうことが多いので注意する。

分布	アフリカ	高さ	10〜20cm
水質	弱酸性〜弱アルカリ性	水温	20〜30℃
光量	20W×1	CO_2	少なめ
育てやすさ	やさしい	ふつう	ややむずかしい	むずかしい

アヌビアス・ナナ"マーブル"
Anubias barteri var. nana

アヌビアス・ナナの斑の入った突然変異株を固定した品種で、斑の入り方により別の名前で売られている場合もある。通常、斑入り植物は弱いものが多いが、アヌビアスということもあり丈夫で育てやすい。

分布	アフリカ	高さ	10〜20cm
水質	弱酸性〜弱アルカリ性	水温	20〜30℃
光量	20W×1	CO_2	少なめ
育てやすさ	やさしい	ふつう	ややむずかしい	むずかしい

水草ガーデニングにぴったり！
世界の水草カタログ145種 Part 3

Aqua Plants

アヌビアス・バルテリー
Anubias barteri var. barteri

大型のアヌビアスの仲間で、とても丈夫な水草である。ただし、成長が遅いため強い光の下ではこけに侵されやすい。予防としてエビなどを入れておくとよい。底床はソイル系より大磯系が適している。

分布	アフリカ	高さ	10〜20cm
水質	弱酸性〜弱アルカリ性	水温	20〜30℃
光量	20W×1	CO_2	少なめ
育てやすさ	やさしい	ふつう	ややむずかしい	むずかしい

アヌビアス・ギュレッティー
Anubias gulletii

最大の特徴は葉の基部が矢尻型をしていることで、そのため"耳付きアヌビアス"とよばれている。水中ではCO_2の添加が有効であるが、栽培は水中で行うより、テラリウムなどのほうが向いている。

分布	アフリカ	高さ	20〜50cm
水質	弱酸性〜弱アルカリ性	水温	20〜30℃
光量	20W×2	CO_2	少なめ
育てやすさ	やさしい	ふつう	ややむずかしい	むずかしい

アヌビアス・ヘテロフィラ
Anubias heterophyira

卵形をした葉が特徴で、ほかのアヌビアスと比べると弱そうな印象を受けるが、とても丈夫である。栽培のコツは、砂に植えるよりも流木などに活着させること。そうすると比較的容易に育成できる。

分布	アフリカ	高さ	10〜20cm
水質	弱酸性〜弱アルカリ性	水温	20〜30℃
光量	20W×2	CO_2	少なめ
育てやすさ	やさしい	ふつう	ややむずかしい	むずかしい

ACT 1 ◆初・中級者向け水草編

アマゾン・ソード
Echinodorus bleheri

アクアリウムの世界で最も有名な水草のひとつで、ロゼット型の水草の代表種。育成は容易で、葉数が多く大型に成長するので見ごたえがある。その存在感からレイアウトのセンタープランツとして最適だろう。

分布	南米	高さ	20〜50cm
水質	弱酸性	水温	20〜28℃
光量	20W×2	CO_2	少なめ
育てやすさ	やさしい	ふつう	ややむずかしい	むずかしい

チェーン・アマゾン
Echinodorus quadricostatus

葉数を多くつける小型のエキノドルスで、そのため大型水槽の前景草によく用いられる。葉が薄く傷がつきやすいので、取り扱いは十分注意したい。エビなどの食害に注意すれば、育成は容易でよく殖えてくれる。

分布	南米	高さ	10〜15cm
水質	弱酸性〜中性	水温	20〜28℃
光量	20W×2	CO_2	少なめ
育てやすさ	やさしい	ふつう	ややむずかしい	むずかしい

エキノドルス・ラティフォリア
Echinodorus latifolius

小型のエキノドルスで、前景草としてよく使われている種。栽培はわりに容易だが、肥料分が少なくなるとすぐに葉が白化してしまうので、根元に入れるタイプの固形肥料の追加がとても重要といえる。

分布	南米	高さ	20〜30cm
水質	弱酸性中性	水温	20〜28℃
光量	20W×2	CO_2	少なめ
育てやすさ	やさしい	ふつう	ややむずかしい	むずかしい

水草ガーデニングにぴったり！
世界の水草カタログ145種 Part 3

エキノドルス "オゼロット・グリーン"
Echinodorus "OZEROT"

エキノドルス・レオパード種をさらに改良した品種で、比較的最近紹介された新しい品種である。これまでは赤系の改良が主だったが、ここにきて緑色系の改良も行われるようになってきた。栽培は容易だ。

分布	改良品種	高さ	20～50cm
水質	弱酸性～弱アルカリ性	水温	20～30℃
光量	20W×2	CO_2	少なめ
育てやすさ	やさしい	ふつう	ややむずかしい	むずかしい

エキノドルス・ウルグアイエンシス
Echinodorus uruguaiensis

やや大型に成長する緑色系の細葉のエキノドルス。うまく育てれば50枚以上の葉をつけるので、中～大型レイアウト水槽のセンタープランツとして十分に楽しめる。底床には大磯系が適している。

分布	南米	高さ	20～50cm
水質	弱酸性～中性	水温	20～28℃
光量	20W×2	CO_2	少なめ
育てやすさ	やさしい	ふつう	ややむずかしい	むずかしい

エキノドルス "レッドフレーム"
Echinodorus sp.

エキノドルス・オゼロット種を作るときにできた副産物的エキノドルスで、斑がより多く出たものを固定したのが本種である。栽培は特にむずかしくはないが、肥料不足には弱いので肥料の追加は有効。

分布	改良品種	高さ	15～25cm
水質	弱酸性～中性	水温	20～28℃
光量	20W×2	CO_2	少なめ
育てやすさ	やさしい	ふつう	ややむずかしい	むずかしい

ACT 1 ◆ 初・中級者向け水草編

エキノドルス"ルビン"
Echinodorus "Rubin"

本種も改良品種ではあるが、古くから人気の高い赤系エキノドルス。ほかのエキノドルスと同様、移植には弱いため、一度植えたらあまり動かさないほうがよいだろう。CO_2の添加は特に有効である。

分布	改良品種	高さ	20〜40cm
水質	弱酸性〜中性	水温	20〜30℃
光量	20W×2	CO_2	少なめ
育てやすさ	やさしい	ふつう	ややむずかしい	むずかしい

エキノドルス・バーシー
Echinodorus osiris "barthii"

なんともいえない色彩をもつ赤系エキノドルスで、金属光沢のある色が特徴である。本種をベースにさまざまな改良品種が生まれている。しかし、残念なことに純粋な本種が少なくなってしまったのも事実だ。

分布	南米	高さ	15〜30cm
水質	弱酸性	水温	20〜28℃
光量	20W×2	CO_2	普通
育てやすさ	やさしい	ふつう	ややむずかしい	むずかしい

エキノドルス"アフレイム"
Echinodorus "Aflame"

赤紫色の美しい丸葉のエキノドルスで、過去にこれほど赤いエキノドルスはなかっただろう。栽培はややむずかしく、あまり大きく育てることができない。うまく育成するにはCO_2の添加がとても重要である。

分布	改良品種	高さ	15〜25cm
水質	弱酸性〜中性	水温	20〜25℃
光量	20W×2	CO_2	多め
育てやすさ	やさしい	ふつう	ややむずかしい	むずかしい

Aqua Plants

水草ガーデニングにぴったり！
世界の水草カタログ145種

Part 3

Aqua Plants

クリプトコリネ・ウエンティー"グリーン"
Cryptocoryne wendtii var. *nana*

最もポピュラーなクリプトコリネで、目にする機会も多い水草である。あまり大型化しないので、レイアウトにも使いやすく人気が高い。栽培は容易で、CO_2が添加されていない水槽でも十分育てられる。

分布	スリランカ	高さ	10～20cm
水質	弱酸性～中性	水温	20～25℃
光量	20W×2	CO_2	普通
育てやすさ	やさしい	ふつう	ややむずかしい	むずかしい

クリプトコリネ・ウエンティー"トロピカ"
Cryptocoryne wendtii "Tropica"

ウエンティー種の改良品種で、とても丈夫で育てやすいクリプトコリネ。かなり大型化してしまうので、レイアウト水槽などでは中景に向いているだろう。葉の凹凸は水中葉でも失われることはない。

分布	改良品種	高さ	15～30cm
水質	弱酸性～中性	水温	20～28℃
光量	20W×2	CO_2	普通
育てやすさ	やさしい	ふつう	ややむずかしい	むずかしい

クリプトコリネ・ペッチー
Cryptocoryne petchii

やや細い葉のクリプトコリネで、ウエンティー種と並んで人気の高いポピュラー種である。肥料の追加やCO_2の添加を行ったほうが美しく育ってくれる。栽培は水質の急変に注意すれば容易といえる。

分布	スリランカ	高さ	10～15cm
水質	弱酸性～中性	水温	20～25℃
光量	20W×2	CO_2	普通
育てやすさ	やさしい	ふつう	ややむずかしい	むずかしい

クリプトコリネ・ベケッティー
Cryptocoryne beckettii

古くから輸入されているクリプトコリネで、ペッチー種によく似ているが、本種のほうがやや大型に成長する。水中への適応力が高いので栽培は容易で、うまく成長した株はみごとな草姿を見せてくれるだろう。

分布	スリランカ	高さ	10～15cm
水質	弱酸性～中性	水温	20～25℃
光量	20W×2	CO_2	普通
育てやすさ	やさしい	ふつう	ややむずかしい	むずかしい

ACT 1 ◆初・中級者向け水草編

クリプトコリネ "アミコルム"
Cryptocoryne sp.

アミコルムの名前で輸入されてくるが、本種はアミコルムではなく、誤った名前で流通している。おそらく、本種はパルバ種とルーケンス種との交雑種と思われる。丈夫で育てやすく前景草に適している。

分布	改良品種	高さ	5～10cm
水質	弱酸性～中性	水温	20～25℃
光量	20W×2	CO_2	多め
育てやすさ	やさしい	ふつう	ややむずかしい	むずかしい

クリプトコリネ・ネビリー
Cryptocoryne nevillii

アミコルム種に似ているが、本種は自然交流種として存在するクリプトコリネである。前景向きの水草で栽培も容易であり、溶けるようにして枯れることの少ない丈夫な種類だ。CO_2の添加は特に有効である。

分布	スリランカ	高さ	5～10cm
水質	弱酸性～中性	水温	20～25℃
光量	20W×2	CO_2	多め
育てやすさ	やさしい	ふつう	ややむずかしい	むずかしい

クリプトコリネ・ブラッシー
Cryptocoryne cordata var. blassii

野生種のクリプトコリネの中では最も入手が容易で、入門種的存在の水草といえる。葉裏が紅色で美しく、大型に成長する種である。栽培も野生種のわりには容易で、水質にもあまりうるさくなく人気が高い。

分布	タイ	高さ	20～50cm
水質	弱酸性～弱アルカリ性	水温	20～28℃
光量	20W×2	CO_2	普通
育てやすさ	やさしい	ふつう	ややむずかしい	むずかしい

クリプトコリネ・シアメンシス
Cryptocoryne cordata var. siamensis

現在、分類学上ではブラッシー種を含め、本種もコルダータという学名になってしまったが、別種ではないかと考えている人も多いようだ。栽培は比較的容易で、CO_2の添加や肥料の追加はとても有効である。

分布	タイ	高さ	20～50cm
水質	弱酸性～中性	水温	20～28℃
光量	20W×2	CO_2	普通
育てやすさ	やさしい	ふつう	ややむずかしい	むずかしい

Aqua Plants

水草ガーデニングにぴったり！
世界の水草カタログ145種 Part 3

クリプトコリネ・ポンテデリフォリア
Cryptocoryne pontederifolia

野生種のクリプトコリネの中では入荷量も多く、入手する機会も多い水草である。状態の良い株が入手できれば栽培はそれほどむずかしくない。水上葉では緑色だが、水中葉ではやや赤味のある緑色に変化する。

分布	スマトラ島、マレーシア	高さ	10～25cm
水質	弱酸性	水温	20～25℃
光量	20W×2	CO_2	多め
育てやすさ	やさしい	ふつう	ややむずかしい	むずかしい

クリプトコリネ・アフィニス
Cryptocoryne affinis

葉の表面の美しい凹凸が本種の特徴で、産地によって葉色や葉形にいくつかのバリエーションが見られる。近年は輸入が激減して入手が困難であるが、幸運にも入手できたら大切に栽培してもらいたい種である。

分布	マレーシア	高さ	10～25cm
水質	弱酸性	水温	20～28℃
光量	20W×2	CO_2	多め
育てやすさ	やさしい	ふつう	ややむずかしい	むずかしい

クリプトコリネ・コスタータ
Cryptocoryne costata

細葉系クリプトコリネの代表種。しかし、最近は純粋な個体が少なくなってしまった。販売されている個体の大半は、アルビダ種との交雑種と思ってよいだろう。栽培が容易に楽しめるので人気も高い種である。

分布	タイ	高さ	10～20cm
水質	弱酸性～中性	水温	20～28℃
光量	20W×2	CO_2	普通
育てやすさ	やさしい	ふつう	ややむずかしい	むずかしい

クリプトコリネ・トンキネンシス
Cryptocoryne tonkinensis

どんなに成長しても葉幅が1cmに達することのない、繊細な感じを受けるクリプトコリネ。しかし、見た目とは違って栽培は容易で、一度根付くととても丈夫である。葉が細いので数本をまとめ植えしたい。

分布	ミャンマー	高さ	20～50cm
水質	弱酸性～中性	水温	20～25℃
光量	20W×2	CO_2	多め
育てやすさ	やさしい	ふつう	ややむずかしい	むずかしい

ACT 2 ◆上級者向け水草編

トニナ・フルビアテリス
Tonina fluviatilis

初入荷時は育成条件が確立しておらず、育成がとてもむずかしい水草であったが、ソイル系の底床によりうまく育てることができるようになった。現在では水にも慣れ、珍種の中では育てやすくなりつつある。

分布	南米	高さ	10〜20cm
水質	弱酸性	水温	20〜25℃
光量	20W×3	CO_2	多め
育てやすさ	やさしい	ふつう	ややむずかしい	むずかしい

ケヤリ草
Eriocauloncea sp.

トニナの葉をさらに細かくしたような草姿が、海のケヤリムシに似ているためにこの名でよばれている。以前は入手が困難だったが、現在は国内ファームで生産されたものや専門店で殖やされたものが売られている。

分布	南米	高さ	10〜25cm
水質	弱酸性	水温	20〜25℃
光量	20W×3	CO_2	少なめ
育てやすさ	やさしい	ふつう	ややむずかしい	むずかしい

ケヤリ草（別タイプ）
Eriocauloncea sp.

通常種と比べ大型に成長する。別種なのか地域変異なのかは現在不明である。2〜3本植えれば十分センタープランツとして使えるほどに成長する。入手はややむずかしく、専門店で殖やしたものが売られている。

分布	南米	高さ	15〜25cm
水質	弱酸性	水温	20〜25℃
光量	20W×3	CO_2	多め
育てやすさ	やさしい	ふつう	ややむずかしい	むずかしい

パンタナル・ウェービーハイグロ
Hygrophila sp.

南米のパンタナルで採集されたハイグロの仲間である。入手は容易であり、現在では東南アジアの水草ファームで生産され、草体自体が強くなっている。栽培は、あまり低いpHでは溶けるように枯れる場合がある。

分布	南米	高さ	10〜15cm
水質	弱酸性〜中性	水温	20〜28℃
光量	20W×2	CO_2	普通
育てやすさ	やさしい	ふつう	ややむずかしい	むずかしい

水草ガーデニングにぴったり！
世界の水草カタログ145種　Part 3

Aqua Plants

アラグアイア・レッドハイグロ
Hygrophila sp. "Rio araguaia"

個人的な採集によって日本に持ち帰られ、流通するようになった。葉幅が狭く葉色が紅紫色なので、レイアウトではとても目をひく存在になるだろう。光量が不足すると、葉色が緑色になってしまうのが難点。

分布	南米	高さ	10〜15cm
水質	弱酸性	水温	20〜25℃
光量	20W×3	CO_2	多め
育てやすさ	やさしい	ふつう	ややむずかしい	むずかしい

サンパウロ・ラージーハイグロ
Hygrophila sp.

サンパウロ近郊で採集されたハイグロの仲間で、ラージリーフ・ハイグロに似ているがおそらく別種と思われる。ほとんど間のびせず、脇芽がたくさんついて成長するため1株で十分殖やすことができる。

分布	南米	高さ	5〜15cm
水質	弱酸性	水温	20〜25℃
光量	20W×3	CO_2	多め
育てやすさ	やさしい	ふつう	ややむずかしい	むずかしい

ハイグロフィラsp."ガイアナ"
Hygrophila sp.

とても珍しいハイグロの仲間で、めったに入荷しないので入手するのも困難。専門店で殖やされたものが出回る程度である。やや大型に成長し、葉の色が赤茶色でレイアウトの中でよいアクセントになる。

分布	中南米	高さ	10〜20cm
水質	弱酸性	水温	20〜28℃
光量	20W×3	CO_2	多め
育てやすさ	やさしい	ふつう	ややむずかしい	むずかしい

ローライマ・マヤカ
Mayaca sp.

通常売られているマヤカよりも小さく、赤い葉が特徴。とても繊細な感じがする。栽培はややむずかしい部類に入るが、美しく育つとレイアウトの中でも目をひく存在になる。エビの食害には注意したい。

分布	南米	高さ	20〜30cm
水質	弱酸性〜中性	水温	20〜28℃
光量	20W×2	CO_2	普通
育てやすさ	やさしい	ふつう	ややむずかしい	むずかしい

ACT 2 ◆上級者向け水草編

ドワーフ・マヤカ "サンパウロ"
Mayaca sp.

極めて小型のマヤカの仲間で珍種である。あまり流通量は多いとはいえず、専門店で殖やしたものが売られている程度なので入手はむずかしい。繁殖力があり、よく殖えるので、2〜3本購入すれば十分である。

分布	南米	高さ	10〜15cm
水質	弱酸性〜中性	水温	20〜28℃
光量	20W×2	CO₂	普通
育てやすさ	やさしい	ふつう	ややむずかしい	むずかしい

スレンダー・マヤカ
Mayaca sp.

一見マヤカの仲間とは思えないほど細いマヤカで、ウィローモスが長くなったような感じをうける。レイアウトでは数十本をまとめ植えするとよい。光量が多いと、こけに侵されやすいので注意が必要だ。

分布	南米	高さ	10〜20cm
水質	弱酸性〜中性	水温	20〜28℃
光量	20W×2	CO₂	普通
育てやすさ	やさしい	ふつう	ややむずかしい	むずかしい

ラージ・マヤカ
Mayaca sellowiana

大型のマヤカで、レイアウトの中ではとても目立つ。美しく育てるにはCO₂と光量がポイント。状態が良いと、とてもよく殖えてくれる。うまく育成できた株は、茎に赤味を帯びるため人目をひいて美しい。

分布	南米	高さ	20〜50cm
水質	弱酸性〜中性	水温	20〜25℃
光量	20W×2	CO₂	普通
育てやすさ	やさしい	ふつう	ややむずかしい	むずかしい

ラージリーフ・ロタラ・ワリッキー
Rotala sp.

一般的に売られているロタラ・ワリッキー（シアのしっぽ）の仲間で、大型になりとても美しい。栽培はややむずかしく、ソイル系の底床を使いCO₂を必ず入れること。東南アジアから入荷され入手は容易。

分布	インド	高さ	15〜30cm
水質	弱酸性〜中性	水温	18〜25℃
光量	20W×3	CO₂	多め
育てやすさ	やさしい	ふつう	ややむずかしい	むずかしい

水草ガーデニングにぴったり！
世界の水草カタログ145種 Part 3

Aqua Plants

ボルネオ・レッドドワーフ・アンブリア
Limnophila sp.

ボルネオから個人的に持ち帰られた、とても貴重な種。葉が大きくなっても2cmほどで、赤味のあるのが特徴。栽培はとてもむずかしく、ほかのアンブリアに比べ成長が遅くあまり殖えない。入手はやや困難。

分布	ボルネオ島	高さ	10～15cm
水質	弱酸性	水温	18～25℃
光量	20W×3	CO_2	多め
育てやすさ	やさしい	ふつう	ややむずかしい	むずかしい

リムノフィラsp."サラワク"
Limnophila sp.

一般的にはサラワク・バコパとよばれているが、じつはリムノフィラの仲間である。葉が細かく切れ込むことのないリムノフィラで、ほかにsp.スリランカなどもよく似ている。栽培は比較的容易である。

分布	ボルネオ島	高さ	15～20cm
水質	弱酸性～中性	水温	20～25℃
光量	20W×2	CO_2	普通
育てやすさ	やさしい	ふつう	ややむずかしい	むずかしい

サンパウロ・レッドアンブリア
Limnophila sp.

南米・サンパウロから輸入された新種のアンブリアの仲間。赤味のあるアンブリアは珍しく、とても美しい。栽培はとても容易で、底床も大磯系からソイル系までどんなものでもよく育つ丈夫な種といえる。

分布	南米	高さ	10～30cm
水質	弱酸性～中性	水温	20～28℃
光量	20W×2	CO_2	少なめ
育てやすさ	やさしい	ふつう	ややむずかしい	むずかしい

ACT 2 ◆上級者向け水草編

レッド・カモンバ "ベレン"
Cabomba furucata

レッド・カモンバにはいくつかの地域バラエティがあり、本種は多く輸入されるレッドとはやや異なり、赤味が強い種だ。これらのバリエーションを集めるのも楽しい。栽培はわりに容易でよく殖える。

分布	南米	高さ	10〜20cm
水質	弱酸性〜中性	水温	20〜25℃
光量	20W×3	CO_2	少なめ
育てやすさ	やさしい	ふつう	ややむずかしい	むずかしい

ミリオフィラムsp. "スリランカ"
Myriophyllum sp.

スリランカから輸入される、やや大型になる珍種のミリオフィラム。とても丈夫だが、溶けるようにして枯れることがあるので夏場の高温には弱く、要注意。レイアウトでは数本をまとめ植えしたい。

分布	スリランカ	高さ	10〜20cm
水質	弱酸性〜中性	水温	18〜28℃
光量	20W×2	CO_2	少なめ
育てやすさ	やさしい	ふつう	ややむずかしい	むずかしい

ウトリクラリア・アウレア
Utricularia aurea

水面に浮いて育つ、水生の食虫植物の仲間。野生では、ミジンコなどの微生物を捕らえて栄養にしている。光量が強いとよく育ってくれるが、急激な水質の変化に弱いので、水換えには十分な注意が必要である。

分布	東南アジア	高さ	20〜50cm
水質	弱酸性〜中性	水温	20〜25℃
光量	20W×2	CO_2	普通
育てやすさ	やさしい	ふつう	ややむずかしい	むずかしい

ウトリクラリアsp. "パンタナル"
Utricularia sp.

南米・パンタナル産のウトリクラリアで、近年アクアリウムに導入された。栽培は光量を多くすると、ときとして葉全体が赤く染まりとても美しい。エサとして、ミジンコや微生物を与えるとうまく育つ。

分布	南米	高さ	20〜50cm
水質	弱酸性	水温	20〜28℃
光量	20W×3	CO_2	多め
育てやすさ	やさしい	ふつう	ややむずかしい	むずかしい

水草ガーデニングにぴったり！
世界の水草カタログ145種　Part 3

アマニア・ボンサイ
学名不詳

日本に自生するキカシグサによく似ている水草で、アマニアとよばれているが、アマニアの仲間かどうかは不明である。栽培はややむずかしく、CO_2の添加、および液体肥料なども有効である。光量は多めがよい。

分布	不明	高さ	10〜15cm
水質	弱酸性〜中性	水温	20〜25℃
光量	20W×2	CO_2	多め
育てやすさ	やさしい	ふつう	ややむずかしい	むずかしい

ポリゴヌムsp."サンパウロ"
Polygonum sp.

ショッキングピンクの葉色がとても美しいポリゴヌムで、レイアウトに数本入れるとよいアクセントに。光量が少ないと葉色が変わってしまう場合があるが、光量を増やせばすぐ本来の葉色にもどる。

分布	南米	高さ	10〜20cm
水質	弱酸性〜中性	水温	20〜28℃
光量	20W×3	CO_2	多め
育てやすさ	やさしい	ふつう	ややむずかしい	むずかしい

イソエテスsp."リオ・ラプラタ"
Isoetes sp.

日本にも自生するミズニラの仲間で、日本産とよく似ている南米原産のミズニラだ。栽培は容易であるが移植には弱いので、一度植えたら移動させないほうがよい。ヨーロッパ・ミズニラも知られている。

分布	南米	高さ	10〜20cm
水質	中性〜弱アルカリ性	水温	18〜25℃
光量	20W×3	CO_2	普通
育てやすさ	やさしい	ふつう	ややむずかしい	むずかしい

パンタナル・ナヤス
Najas sp.

南米・パンタナルで採集されたナヤスの仲間で、葉に緩いウエーブが入るのが特徴。栽培は容易でよく殖えるので、まめなトリミングが必要である。茎が折れやすく、雑に扱うとバラバラになってしまう。

分布	南米	高さ	20〜50cm
水質	弱酸性〜中性	水温	20〜28℃
光量	20W×2	CO_2	少なめ
育てやすさ	やさしい	ふつう	ややむずかしい	むずかしい

ACT 2 ◆上級者向け水草編

ナヤス・マリーナ
Najas marina

日本にも自生するナヤスだが、あまり目にすることはない。自然では淡水から汽水に広く自生している水草で、写真のものは東南アジア産。栽培はわりに容易で、水面に浮かしてもよく殖える丈夫な種だ。

分布	東南アジア、日本	高さ	20〜50cm
水質	弱酸性〜弱アルカリ性	水温	20〜25℃
光量	20W×2	CO_2	少なめ
育てやすさ	やさしい	ふつう	ややむずかしい	むずかしい

ナヤスsp."バリ"
Najas sp.

バリ島から個人的な採集によって持ち帰られたナヤスの仲間。よく殖えるのだが、水質が急変したり、pHが低かったりすると下部のほうから黒くなり、枯れてしまう場合があるので注意が必要である。

分布	インドネシア・バリ島	高さ	10〜20cm
水質	弱酸性〜中性	水温	18〜28℃
光量	20W×2	CO_2	普通
育てやすさ	やさしい	ふつう	ややむずかしい	むずかしい

パンタナル・ヘミグラフィス
学名不詳

近年入荷した南米・パンタナル原産の水草で、水中で完全に水中葉を出して育つ。通常、ヘミグラフィスという名が付く植物は水中葉を作らない。本種は外見がヘミグラフィスに似ているだけで別の仲間。

分布	南米	高さ	10〜20cm
水質	弱酸性	水温	20〜30℃
光量	20W×3	CO_2	多め
育てやすさ	やさしい	ふつう	ややむずかしい	むずかしい

トライアングルリーフ・ヘミグラフィス
学名不詳

パンタナル・ヘミグラフィスに交じって入荷した、完全に水中育成のできる水草。パンタナル・ヘミグラフィスに比べて葉に赤味が強く、三角形の葉が特徴だからすぐに区別できる。成長も速くよく殖える。

分布	南米	高さ	10〜20cm
水質	弱酸性	水温	20〜30℃
光量	20W×3	CO_2	多め
育てやすさ	やさしい	ふつう	ややむずかしい	むずかしい

水草ガーデニングにぴったり！
世界の水草カタログ145種　Part 3

Aqua Plants

バリスネリア・ルブラ"カールリーフ"
Vallisneria "Curly-special"

バリスネリア・ルブラの突然変異を固定した改良品種。葉の中央に凹凸があり、ややカールするという特徴から、この名が付いたと思われる。栽培はわりに容易で、どんな底床でもうまく育てることができる。

分布	改良品種	高さ	20〜50cm
水質	弱酸性〜弱アルカリ性	水温	20〜30℃
光量	20W×2	CO_2	少なめ
育てやすさ	やさしい	ふつう	ややむずかしい	むずかしい

サルバドール・カールラッシュ
学名不詳

葉が松の葉のように硬く、一見水中での育成は困難に思えるが、完全な水中葉を出し育成できる。水中葉は水上葉に比べて柔らかくなり、条件さえ合えばよく殖える。成長が遅くひげごけに侵されやすい。

分布	南米	高さ	5〜10cm
水質	弱酸性〜中性	水温	20〜25℃
光量	20W×3	CO_2	多め
育てやすさ	やさしい	ふつう	ややむずかしい	むずかしい

ラゲナンドラ・ランキフォリア
Lagenandra lancifolia

クリプトコリネに近い仲間で、スリランカ産のサトイモ科の水草である。水中での栽培はややむずかしく、水中葉の展開に少々時間がかかる場合がある。育成のポイントは多めの光量とCO_2の添加である。

分布	スリランカ	高さ	10〜20cm
水質	弱酸性〜弱アルカリ性	水温	18〜28℃
光量	20W×2	CO_2	多め
育てやすさ	やさしい	ふつう	ややむずかしい	むずかしい

アグラオネマsp."ボルネオ"
Aglaonema sp.

おそらくアグラオネマの仲間と思われるが、詳しくは不明である。原産地では浅い水中に自生している。水槽栽培でも順調に育っているので、水中化すると思われる。育成には強い光量とCO_2の添加が有効だ。

分布	ボルネオ島	高さ	5〜10cm
水質	弱酸性〜中性	水温	20〜28℃
光量	20W×3	CO_2	多め
育てやすさ	やさしい	ふつう	ややむずかしい	むずかしい

ACT 2 ◆上級者向け水草編

シウム・フロリダヌム
Sium floridanum

日本に自生するセリによく似ているがまったくの別種。ここ数年入荷が途絶えていたが、最近少数ながら入荷があった。今後はある程度コンスタントに入荷されるだろう。栽培は容易でCO_2の添加が有効。

分布	ヨーロッパ	高さ	20～50cm
水質	弱酸性～弱アルカリ性	水温	15～25℃
光量	20W×2	CO_2	普通
育てやすさ	やさしい	ふつう	ややむずかしい	むずかしい

クルクリゴ・カピテュラータ
学名不詳

一見水中では育たないように思えるが、水中での育成が可能である。以前、クルクリゴの名で数種が入荷していたが、本種だけが水中化をするようである。成長がとても遅いので、こけなどに侵されやすい。

分布	ベトナム	高さ	10～30cm
水質	弱酸性～中性	水温	20～28℃
光量	20W×3	CO_2	多め
育てやすさ	やさしい	ふつう	ややむずかしい	むずかしい

ミニ・マッシュルームsp."ペルー"
Hydrocotyle sp.

直径1cmほどにしかならない、とても小型のマッシュルームの仲間。あまり入荷がなく入手するのがむずかしいので、水草の専門店で探すとよいだろう。成長がそれほど速くないのでレイアウトにも使いやすい。

分布	南米	高さ	1～5cm
水質	弱酸性～中性	水温	20～28℃
光量	20W×2	CO_2	多め
育てやすさ	やさしい	ふつう	ややむずかしい	むずかしい

アポノゲトン・ティンヌスピカータス
Aponogeton thinuspicartas

数年に一度ほどしか入荷しない、とても貴重なアポノゲトンの仲間。専門店などで見たときに購入しなければ、また数年待たないと入手できないであろう。育て方が悪いと休眠してしまうので注意が必要である。

分布	マダガスカル島	高さ	10～20cm
水質	中性～弱アルカリ性	水温	18～25℃
光量	20W×2	CO_2	多め
育てやすさ	やさしい	ふつう	ややむずかしい	むずかしい

水草ガーデニングにぴったり！
世界の水草カタログ145種 Part 3

Aqua Plants

アポノゲトン・ブロッサス
Aponogeton bullosus

とても珍しいアポノゲトンで、入荷はほとんどないと思われる。原産地がオーストラリアということもあり、入手はむずかしい。専門店で幸運にも売られているのを見たら、水草マニアは購入したほうがよいだろう。

分布	オーストラリア	高さ	10〜30cm
水質	中性〜弱アルカリ性	水温	18〜25℃
光量	20W×2	CO_2	多め
育てやすさ	やさしい	ふつう	ややむずかしい	むずかしい

ボルネオファンsp.
Selenodesmium sp.

古くから水生シダの仲間として日本のアクアリウムで使われてきた水草。以前入荷していたものとは、やや葉の形が違うため別種と思われる。まだ少数しか入荷していなく、入手するのはかなりむずかしいだろう。

分布	ボルネオ島	高さ	5〜10cm
水質	弱酸性〜中性	水温	18〜25℃
光量	20W×2	CO_2	多め
育てやすさ	やさしい	ふつう	ややむずかしい	むずかしい

フィジアン・ウォーターファン
Acrostichum aureum

和名はミミモチシダとよばれ、沖縄などに自生している。日本産は天然記念物に指定されているので入手はできないが、東南アジアから少数ではあるが輸入されている。水質にも幅広く適応し、栽培はわりに容易。

分布	東南アジア、日本	高さ	20〜50cm
水質	弱酸性〜中性	水温	18〜25℃
光量	20W×3	CO_2	多め
育てやすさ	やさしい	ふつう	ややむずかしい	むずかしい

エキノドルス・テネルス・ピンク
Echinodorus tenellus

一般に販売されているテネルスと違い、濃いピンク色の葉をもつ美しい種。栽培は通常種と同じでよいのだが、光量や肥料が不足すると、本来の美しいピンクの色彩が薄れてしまうので注意が必要である。

分布	南米	高さ	3〜5cm
水質	弱酸性〜中性	水温	20〜28℃
光量	20W×2	CO_2	多め
育てやすさ	やさしい	ふつう	ややむずかしい	むずかしい

ACT 2 ◆ 上級者向け水草編

エキノドルス・テネルス "ブロードリーブ"
Echinodorus sp.

入荷量が少なく珍しいエキノドルスである。改良種なのか野生種なのか詳細は不明。うまく成長した株は幅の広い葉になり、エキノドルス・ラティフォリアを小型にしたような草姿になる。栽培は比較的容易。

分布	南米	高さ	3～10cm
水質	弱酸性～中性	水温	20～28℃
光量	20W×3	CO₂	多め
育てやすさ	やさしい	ふつう	ややむずかしい	むずかしい

エキノドルスの一種
Echinodorus sp.

個人的に採集されて日本に持ち帰られた新種である。見た感じがエキノドルス・ラティフォリアに似ているが、より大型に成長する。栽培は容易で、ランナーによっていくらでも殖やすことができる。

分布	南米	高さ	20～50cm
水質	弱酸性～弱アルカリ性	水温	15～28℃
光量	20W×2	CO₂	普通
育てやすさ	やさしい	ふつう	ややむずかしい	むずかしい

エキノドルス・ホレマニー・グリーン
Echinodorus horemanii (Green)

透明感のある葉が特徴の、人気の高いエキノドルス。古くから洋書などでは紹介されていたが、近年やっと輸入されるようになった。高水温に弱いといわれていたがそんなことはなく、大変に丈夫である。

分布	南米	高さ	20～50cm
水質	弱酸性～弱アルカリ性	水温	15～28℃
光量	20W×2	CO₂	普通
育てやすさ	やさしい	ふつう	ややむずかしい	むずかしい

エキノドルス・ダークグリーン・ホレマニー
Echinodorus horemanii

新芽は赤いが、成長するに従い濃いグリーンに変化していくことが特徴の、最近輸入されたエキノドルス。入荷量も増えて入手しやすくなった。新芽がエビやオトシンクルスなどに食害されやすいので注意したい。

分布	南米	高さ	20～50cm
水質	弱酸性～弱アルカリ性	水温	15～28℃
光量	20W×2	CO₂	普通
育てやすさ	やさしい	ふつう	ややむずかしい	むずかしい

水草ガーデニングにぴったり！
世界の水草カタログ145種 Part 3

エキノドルス・ホレマニー・オレンジ
Echinodorus sp.

名前はホレマニーと付いているが、おそらくオシリスの地域変異と考えられる。やや大型に成長し、濃いオレンジ色が特徴。輸入量も増えて入手しやすくなった。エビなどに食害されやすいため注意したい。

分布	南米	高さ	20～50cm
水質	弱酸性～中性	水温	20～28℃
光量	20W×2	CO_2	多め
育てやすさ	やさしい	ふつう	ややむずかしい	むずかしい

エキノドルス sp. "シングー"
Echinodorus sp.

とても細長い葉が特徴で、状態よく成長した株では、株分けによって、いくらでも殖やすことができる。こけがつきやすいので注意が必要。入手については、水草に強い専門店でなければむずかしいだろう。

分布	南米	高さ	20～50cm
水質	弱酸性～中性	水温	20～28℃
光量	20W×2	CO_2	多め
育てやすさ	やさしい	ふつう	ややむずかしい	むずかしい

クリプトコリネ・ロザエネルヴィス
Cryptocoryne cordata "Rosanervis"

基本種の斑の入った突然変異を固定したもので、マニア憧れのクリプトコリネである。入手は大変困難で、目にする機会もほとんどないだろう。栽培はむずかしく、水質が急変すると溶けるように枯れるときがある。

分布	改良品種	高さ	20～50cm
水質	弱酸性～中性	水温	20～30℃
光量	20W×2	CO_2	普通
育てやすさ	やさしい	ふつう	ややむずかしい	むずかしい

クリプトコリネ・ウィステリアーナ
Cryptocoryne usteriana

フィリピン原産のクリプトコリネで、大型に成長する種類である。栽培は容易で、大磯砂系の底床であれば問題なく栽培できる。とても丈夫で人気が高く、入荷量も増えて入手しやすくなってきた。

分布	フィリピン	高さ	10～15cm
水質	弱酸性～中性	水温	20～28℃
光量	20W×2	CO_2	少なめ
育てやすさ	やさしい	ふつう	ややむずかしい	むずかしい

ACT 2 ◆上級者向け水草編

クリプトコリネ・スキュルゼィ
Cryptocoryne shlzei

クリプトコリネの仲間は種の判別がむずかしく、これも別名で売られていることが多い。栽培はむずかしく、ｐＨの低い軟水でなければうまく育成させることはできない。入手も困難で、年に１～２回入荷する程度だ。

分布	マレーシア	高さ	10～15cm
水質	弱酸性～中性	水温	20～28℃
光量	20W×2	CO₂	少なめ
育てやすさ	やさしい	ふつう	ややむずかしい	むずかしい

クリプトコリネ・ディディリッシィ
Cryptocoryne didericii

葉の全体に細かい斑が入る美しいクリプトコリネで、入荷数が少ない種である。水中葉にするには、まず状態の良い株を入手しなければむずかしい。専門店では水上栽培された良い株が入手できるだろう。

分布	マレーシア	高さ	10～15cm
水質	弱酸性～中性	水温	20～28℃
光量	20W×2	CO₂	少なめ
育てやすさ	やさしい	ふつう	ややむずかしい	むずかしい

クリプトコリネ・グラボウスキィ
Cryptocoryne grabowskii

丸葉系のクリプトコリネで、あまり入荷のない種である。水中葉で楽しむ場合は、専門店で水上栽培された株を水中に入れれば水中葉にすることができる。栽培のコツは、ｐＨの低い軟水が最低条件である。

分布	ボルネオ島	高さ	10～20cm
水質	弱酸性～中性	水温	20～28℃
光量	20W×2	CO₂	多め
育てやすさ	やさしい	ふつう	ややむずかしい	むずかしい

クリプトコリネ・プルプレア
Cryptocoryne purpurea

丸葉のクリプトコリネの中では入荷量も多く、目にする機会も多いだろう。産地によって斑の入るものと、入らないものとがある。栽培はややむずかしいので、状態の良い株を入手するように努力したい。

分布	マレーシア	高さ	10～20cm
水質	弱酸性	水温	20～25℃
光量	20W×2	CO₂	多め
育てやすさ	やさしい	ふつう	ややむずかしい	むずかしい

水草ガーデニングにぴったり！
世界の水草カタログ145種 Part 3

クリプトコリネ・ロンギカウダ
Cryptocoryne longicauda

葉の表面に凹凸があり、縁がギザギザしているのが特徴。東南アジアで組織培養されたものと、採集物の両方が入荷している。栽培はさほど困難ではなく、ほかの水草がうまく成長している水槽であればわりに容易。

分布	ボルネオ島	高さ	10〜20cm
水質	弱酸性	水温	20〜25℃
光量	20W×2	CO_2	多め
育てやすさ	やさしい	ふつう	ややむずかしい	むずかしい

クリプトコリネ・ボグネリー
Cryptocoryne bogneri

原産地でも年々数が減っているようで、入荷数がかなり減ってきている。水中での栽培はむずかしく、あまり水中向きではないのかもしれない。pHの低い軟水で、水質の急変を避ければうまく栽培できるだろう。

分布	スリランカ	高さ	10〜15cm
水質	弱酸性〜中性	水温	20〜25℃
光量	20W×2	CO_2	多め
育てやすさ	やさしい	ふつう	ややむずかしい	むずかしい

ニムフォリデス・テヘラン
Nymphoides sp.

日本にも自生するガガブタの仲間。本種は個人的な採集によりテヘランから持ち帰られたもの。栽培は容易で、葉を切って植えれば、いくらでも殖やすことができる。殖えたものが専門店で売られている。

分布	イラン・テヘラン	高さ	10〜20cm
水質	弱酸性〜中性	水温	20〜30℃
光量	20W×2	CO_2	少なめ
育てやすさ	やさしい	ふつう	ややむずかしい	むずかしい

ACT 2 ◆上級者向け水草編

サンタレン・ドワーフニムファ
Nymphaea sp.

ニムファの仲間には大型のものが多いが、本種は小型でレイアウトにも使いやすい。栽培も容易で、ソイル系の底床を使うとよく育つが、大磯系でもうまく育成できる。1株あればランナーで殖やすことができる。

分布	南米	高さ	5～10cm
水質	弱酸性～中性	水温	20～28℃
光量	20W×2	CO_2	少なめ
育てやすさ	やさしい	ふつう	ややむずかしい	むずかしい

タイガーロータス "レッド"
Nymphaea lotus "RED"

アフリカ産のニムファの仲間であるが、この名で入荷する大部分が別種のゼンゲリー種である。一部のファーム物やワイルド便で本物の本種が入荷する。栽培は容易で、大磯系でもソイル系でもよく育つ。

分布	アフリカ	高さ	10～30cm
水質	弱酸性～中性	水温	20～28℃
光量	20W×2	CO_2	普通
育てやすさ	やさしい	ふつう	ややむずかしい	むずかしい

ニムファsp. "ナイジェリア"
Nymphaea sp. "Naijeria"

年に数回ワイルド便で入荷する、比較的珍しいニムファである。タイガーロータス・グリーンの名で売られていることが多いがこれは誤り。葉の色がライムグリーンで大変に美しく、丈夫な水草である。

分布	アフリカ	高さ	10～25cm
水質	弱酸性～中性	水温	20～28℃
光量	20W×2	CO_2	普通
育てやすさ	やさしい	ふつう	ややむずかしい	むずかしい

ニムファ・ミクランサ
Nymphaea micrantha

葉の表面に複雑な斑が入る美しい種。人気が高く、専門店に行けば目にする機会も多いので容易に入手できる。どんな底床でもよく育ち、丈夫で、ムカゴとよばれる葉の表面にできる子株によって殖える。

分布	アフリカ	高さ	10～20cm
水質	弱酸性～中性	水温	20～28℃
光量	20W×2	CO_2	少なめ
育てやすさ	やさしい	ふつう	ややむずかしい	むずかしい

水草ガーデニングにぴったり！
世界の水草カタログ145種 Part 3

Aqua Plants

ピグミー・フロッグピット
Limnobium spongia

水面に浮かせて育てる水草で、水中に沈めて育てることはできない。一般のアクアリウムでは、ガラスのふたをするので蒸れて枯れてしまう。そのため、ふたをしないオープンアクアリウムで使用されている。

分布	北米、中南米	高さ	2〜5cm
水質	弱酸性〜中性	水温	20〜30℃
光量	20W×2	CO_2	少なめ
育てやすさ	やさしい	ふつう	ややむずかしい	むずかしい

アマゾン・フロッグピット
Limnobium laevigatum

1枚の葉が10円玉程度の大きさの浮き草で、オープンアクアリウムに使用されている。繁殖力が強く、あっという間に水面を覆って、水中のほかの水草に悪影響を与えてしまう。そのため、まめなトリミングが必要。

分布	南米	高さ	3〜5cm
水質	弱酸性〜中性	水温	20〜28℃
光量	20W×2	CO_2	少なめ
育てやすさ	やさしい	ふつう	ややむずかしい	むずかしい

ルドウィジア・セディオイデス
Ludwigia sedioides

南米産のルドウィジアで、水中葉は作らずに浮き葉で成長する変わった水草。高光量のオープンアクアリウムで育てると、葉に赤味が出てとても美しい。光量が弱いと葉が小さくなり、やがて枯れてしまう。

分布	南米	高さ	20〜50cm
水質	弱酸性〜中性	水温	20〜28℃
光量	20W×3	CO_2	多め
育てやすさ	やさしい	ふつう	ややむずかしい	むずかしい

水草ガーデニング Q&A 3 こけ対策や掃除の疑問編

Q CO_2ストーンやパレングラスなどにこけがついてしまったが、落とす方法はある？

A 細かいところについたこけは、ブラシなどで落とすことはむずかしいので、こんな場合は漂白剤につけておけばきれいになる。ただし、漂白が終わったら、必ず塩素中和をしてから取り付けるのを忘れないようにすること。

Q こけ対策にエビを入れたが、すぐに死んでしまう…。

A 底床や水質にもよるが、pHの低い水槽に入れているのではないだろうか。おそらく入れたのはヤマトヌマエビで、これは働き者だが、pHの低い水質にはあまり適さない。こうした水質にはミゾレヌマエビをおすすめする。

Q 水面に油のような膜が。これはいったいなに？

A これは油膜とよばれるもので、バクテリアの死骸といわれているが、ほとんど害はない。気になるのなら、専用の油膜取りグッズを使うか、エンゼル・フィッシュやモーリーなどを入れると、彼らが食べてくれる。

Q 水槽の中にたくさんの小さな巻き貝がいるが、害はない？

A 巻き貝は盛んに水草を食べてしまうので害になる。水槽の中に貝を発見しても少数だからとそのままにしておくと、卵を産んで爆発的に殖えてしまう。見つけたら手で取るか、淡水フグなどを入れて早めに対処することが必要。一度水槽内に入ってしまったら完全に除去するのはたいへんなので、水草を購入するときはくれぐれも気をつけたい。

貝をよく食べる淡水フグのアベニー・パファー。

Q 水槽のガラスぶたに白カビのようなものがついて、洗っても落ちない。これはなに？ 落とす方法は？

A これは、水に含まれるカルシウム分で、ガラスについた水が、照明の熱によって乾燥してこびりついたもの。このカルシウムは料理用の酢で、きれいに落とせるので、試してみるとよい。

油膜取りにも使えるエンゼル・フィッシュ。

Part 4

水草水槽に断然おすすめ!

ジャンル別熱帯魚カタログ64種

ここでは水草水槽におすすめしたい熱帯魚を64種集めてみた。それぞれ水槽に素敵なアクセントになってくれる名脇役たちばかり。水草に大敵の巻き貝やこけを食べるといった、便利な魚も登場する。

グッピー

マーサ・ハチェット

レッドフィン・レッドノーズ

チェッカーボード・シクリッド

ベタ・フォーシィ

コリドラス・アエネウス

スカーレット・ジェム

ACT 1 ◆メダカの仲間

グッピー
Poecilia reticulata var.

多くの人が初めて飼う熱帯魚の代表的な存在で、おもにシンガポールで養殖され、常時大量に輸入されている。伝染病の心配があるが、輸入状態にさえ気をつければ飼育は容易で、繁殖も容易である。

分 布	改良品種	全 長	5 cm
水 質	中性～弱アルカリ性	水 温	20～25℃
育てやすさ	やさしい	ふつう	ややむずかしい	むずかしい

セイルフィン・モーリー
Poecilia velifera var.

セイル(帆)状にオスの背ビレが大きく広がる、美しい大型の卵胎生メダカ。ゴールデンタイプとプラチナタイプとがある。ある程度大きくなるので、60cm以上の水槽で楽しみたい魚だ。飼育、繁殖とも容易。

分 布	改良品種	全 長	12 cm
水 質	中性～弱アルカリ性	水 温	25～27℃
育てやすさ	やさしい	ふつう	ややむずかしい	むずかしい

ブラック・モーリー
Poecilia sphenops

全身が真っ黒の、昔からよく知られている卵胎生メダカ。飼育、繁殖も容易でなんでもよく食べる。オスの背ビレはやや大きく、黄色い縁取りがある。真っ黒な体色は、レイアウト水槽の中でもよく目立つ。

分 布	メキシコ	全 長	8 cm
水 質	中性～弱アルカリ性	水 温	25～27℃
育てやすさ	やさしい	ふつう	ややむずかしい	むずかしい

プラティ
Xiphophorus maculatus var.

グッピーと並び、最もポピュラーな卵胎生メダカ。改良品種の数は多く、好きなタイプを選ぶ楽しさもある。飼育、繁殖は容易。性質はおとなしく、活発に泳ぐのでレイアウト水槽にもよく似合う。

分 布	メキシコ	全 長	5 cm
水 質	中性～弱アルカリ性	水 温	25～27℃
育てやすさ	やさしい	ふつう	ややむずかしい	むずかしい

Killifish & Livebearer

水草水槽に断然おすすめ！
世界の熱帯魚カタログ Part 4

ソード・テール
Xiphophorus helleri var.

古くから有名な熱帯魚で、オスの尾ビレが剣のように伸びることからこの名でよばれている。メスからオス、オスからメスへと性転換することでも有名。ほかの卵胎生メダカと同様、丈夫で飼育や繁殖も容易。

分布	メキシコ	全長	8cm
水質	中性～弱アルカリ性	水温	25～27℃
育てやすさ	やさしい	ふつう	ややむずかしい	むずかしい

ハイフィン・ヴァリアタス
Xiphophorus variatus var.

原種は比較的地味な魚なのだが、改良を重ねてより美しい体色をもった魚へと作り替えられた。最近では写真のハイフィンタイプのものがよく見られる。丈夫な魚で、飼育、繁殖は容易である。

分布	メキシコ	全長	6cm
水質	中性～弱アルカリ性	水温	25～27℃
育てやすさ	やさしい	ふつう	ややむずかしい	むずかしい

アフリカン・ランプアイ
Aplocheilichthys normani

アフリカ産の卵生メダカの仲間で、どのショップでもすぐに入手できるポピュラー種。飼育、繁殖ともに容易で、レイアウト水槽では気がつかないうちに殖えていることがあるくらいに丈夫な種類である。

分布	ナイジェリア、カメルーン	全長	3.5cm
水質	弱酸性～中性	水温	25～27℃
育てやすさ	やさしい	ふつう	ややむずかしい	むずかしい

アメリカンフラッグ・フィッシュ
Jordanella floridae

体色がアメリカ国旗に似ていることから、この名前がついている。飼育、繁殖ともに容易で、藻類などもよく食べるので水草水槽には重宝する。メダカの仲間とは思えない体形や生態が魅力だ。

分布	アメリカ・フロリダ半島	全長	6cm
水質	中性	水温	25～27℃
育てやすさ	やさしい	ふつう	ややむずかしい	むずかしい

Killifish & Livebearer

ACT 2 ◆カラシンの仲間

ネオン・テトラ
Paracheirodon innesi

最もポピュラーな熱帯魚のひとつ。餌もなんでもよく食べて飼いやすいのだが、繁殖はむずかしく、そういう意味では初心者からベテランまで楽しめる魚といえるだろう。レイアウトにもよく似合って美しい。

分布	アマゾン川	全長	3cm
水質	中性	水温	25～27℃
育てやすさ	やさしい	ふつう	ややむずかしい	むずかしい

カーディナル・テトラ
Paracheirodon axelrodi

南米やヨーロッパから、コンスタントに採集個体が輸入されている。ネオン・テトラに似ているが、腹部の赤い部分が多くとても美しい。飼育は容易で、丈夫なので、初心者でも簡単に育成できる。

分布	ネグロ川	全長	5cm
水質	弱酸性～中性	水温	25～27℃
育てやすさ	やさしい	ふつう	ややむずかしい	むずかしい

グローライト・テトラ
Hemigrammus erythrozonus

古くから有名なテトラ類の一種で、東南アジアで養殖された魚が多く輸入されている。性質もおとなしく、丈夫で飼いやすいので、初心者にも人気が高い。体側の赤いラインは群れで泳がせると非常に美しい。

分布	ギアナ	全長	3cm
水質	弱酸性～中性	水温	25～27℃
育てやすさ	やさしい	ふつう	ややむずかしい	むずかしい

ブラックネオン・テトラ
hyphessobrycon herbertaxelrodi

ポピュラーなテトラ類の一種。東南アジアから養殖魚が大量に輸入されているので、いつでも入手することができる。水質への順応性も高く、餌もなんでも食べるので初心者におすすめの魚だ。

分布	ブラジル	全長	3cm
水質	中性	水温	25～27℃
育てやすさ	やさしい	ふつう	ややむずかしい	むずかしい

Characin

世界の熱帯魚カタログ Part 4

水草水槽に断然おすすめ！

Characin

ラミーノーズ・テトラ
Hemigrammus bleheri

状態が良いと頭部が真っ赤になり、とても美しいテトラである。水質が合わないと色が出ないので、水質のバロメーターになる。レイアウトには10匹以上入れれば、群れを作って泳ぐ姿を見ることができる。

分布	ブラジル		全長	3cm
水質	中性		水温	25～27℃
育てやすさ	やさしい	ふつう	ややむずかしい	むずかしい

ブラックファントム・テトラ
Megalamphodus megalopterus

水草を中心としたレイアウト水槽が普及するようになって、急激に人気の高まった魚。実際、体形や体色はじつに魅力的だ。東南アジアで養殖されたものが大量に輸入されているので、安価で入手できる。

分布	ブラジル		全長	3cm
水質	中性		水温	25～27℃
育てやすさ	やさしい	ふつう	ややむずかしい	むずかしい

レインボー・テトラ
Nematobrycon lacortei

エンペラー・テトラと似ているが、体側にキラキラと輝くウロコをもつことで区別がつく。レイアウトに数匹を入れておけばよく目立つが、多少気が強く、同種間で小競り合いをする。飼育は比較的容易だ。

分布	ブラジル		全長	5cm
水質	弱酸性～中性		水温	25～27℃
育てやすさ	やさしい	ふつう	ややむずかしい	むずかしい

エンペラー・テトラ
Nematobrycon pulmeri

ライヤーテール状に伸長するオスの尾ビレが特徴的。状態が良いと体側の青いラインが際立ち美しい。かつてはかなり高価だったが、東南アジアから養殖個体が輸入されるようになり、入手しやすくなった。

分布	コロンビア		全長	5cm
水質	弱酸性～中性		水温	22～25℃
育てやすさ	やさしい	ふつう	ややむずかしい	むずかしい

ACT 2 ◆カラシンの仲間

ハセマニア
Hasemania nana

シルバーチップ・テトラの名前で古くから親しまれている小型カラシン。東南アジアから養殖個体が輸入されている。レイアウト水槽では、ある程度数を入れるとよい。オスとメスとで体色が異なる。

分布	ブラジル	全長	4cm
水質	弱酸性〜中性	水温	25〜27℃
育てやすさ	やさしい	ふつう	ややむずかしい	むずかしい

マーサ・ハチェット
Gasteropelecus marthae marthae

不思議な形をした小型カラシンで、古くから人気の魚だ。いつも水面近くで生活しており、なにかに驚くと飛び跳ねる。そのため、水槽から飛び出して死んでしまう事故が多く、必ずふたを閉めること。

分布	アマゾン川	全長	6cm
水質	弱酸性〜中性	水温	25〜27℃
育てやすさ	やさしい	ふつう	ややむずかしい	むずかしい

ペンシル・フィッシュ
Nannobrycon eques

一般にペンシル・フィッシュとよばれるものが本種で、頭を上にして斜めに泳ぐ姿が有名。口が小さいので餌には気を使って、ブラインシュリンプなどの小さいものを与えたい。愛らしくて人気が高い。

分布	アマゾン川	全長	5cm
水質	弱酸性〜中性	水温	25〜27℃
育てやすさ	やさしい	ふつう	ややむずかしい	むずかしい

ナノストムス・ベックフォルディ
Nannostomus beckfordi

ポピュラーなペンシル・フィッシュの一種。南米からの輸入のほか、東南アジアで養殖されたものも輸入されているので、入手はむずかしくない。飼育も容易で、状態よく飼育できれば自然繁殖も望める。

分布	ギアナ、アマゾン川	全長	4cm
水質	弱酸性〜中性	水温	25〜27℃
育てやすさ	やさしい	ふつう	ややむずかしい	むずかしい

Characin

水草水槽に断然おすすめ！
世界の熱帯魚カタログ Part 4

スリーライン・ペンシルフィッシュ
Nannostomus trifasciatus

ペンシル・フィッシュの仲間は数種類が知られているが、その中でも特に美しいのが本種である。ヒレや体側に赤色が現れる。ペンシルの仲間はこけを好んで食べるので、コケ取りとしても使える。

分布	アマゾン川	全長	5cm
水質	弱酸性～中性	水温	25～27℃
育てやすさ	やさしい	ふつう	ややむずかしい	むずかしい

ドワーフ・ペンシルフィッシュ
Nannostomus marginatus

3cm程度の小型の美しいペンシル・フィッシュ。そのため混泳には気をつけ、本種を攻撃するような魚は避けたい。飼育は容易だが、本種同士の小競り合いがあるので、水草を多く植えた水槽で飼育したい。

分布	アマゾン川	全長	3cm
水質	弱酸性～中性	水温	25～27℃
育てやすさ	やさしい	ふつう	ややむずかしい	むずかしい

ジェリービーン・テトラ
Ladigesia roloffi

西アフリカ産の小型カラシン。上品な美しさがあり、水草をレイアウトした水槽にぴったりの魚だ。性質はおとなしく、弱酸性の落ち着いた水を好む。入荷量はさほど多くなく、常時見られる魚ではない。

分布	西アフリカ	全長	2cm
水質	弱酸性	水温	25～27℃
育てやすさ	やさしい	ふつう	ややむずかしい	むずかしい

コンゴー・テトラ
Phenacogrammus interruptus

ポピュラーなアフリカ産のカラシン。南米産の小型カラシンに比べて大きくなるが、体側に光り輝くウロコをもち、大変見ばえのする魚へと成長する。性質も荒くないため混泳も可能。丈夫で飼育も容易。

分布	中央アフリカ、コンゴ	全長	10cm
水質	中性	水温	25～27℃
育てやすさ	やさしい	ふつう	ややむずかしい	むずかしい

◆コイ・ドジョウの仲間

ラスボラ・ヘテロモルファ
Trigonostigma heteromorpha

最も一般的なコイ科の熱帯魚。水質にうるさくなく、丈夫で飼いやすいので古くから親しまれている。安価だがその美しさは侮りがたく、多くのマニアを魅了する。飼育は容易だが、繁殖はややむずかしい。

分 布	マレー半島	全 長	4cm
水 質	弱酸性～中性	水 温	25～27℃
育てやすさ	やさしい	ふつう	ややむずかしい	むずかしい

ラスボラ・アクセルロッディ "ブルー"
Sundadanio axelrodi

ラスボラ・アクセルロッディの地域変異のひとつで、美しく人気が高い。ノーマルタイプが適切な水質でないと発色しないのに対し、こちらは環境に左右されることなく、ブルーメタリックの体色を発色する。

分 布	インドネシア	全 長	2cm
水 質	弱酸性	水 温	25～27℃
育てやすさ	やさしい	ふつう	ややむずかしい	むずかしい

ボララス・ブリジッタエ
Boraras brigittae

ボララス・ウロフタルモイデスによく似たボララス。全体的に赤味がより強く、尾ビレの縁や体側の黒いラインに沿った赤がくっきりと明瞭なことで区別することができる。輸入量は多くなってきた。

分 布	ボルネオ	全 長	2cm
水 質	弱酸性	水 温	25～27℃
育てやすさ	やさしい	ふつう	ややむずかしい	むずかしい

ミクロラスボラ・エリスロミクロン
Danio erythromicron

古くから書籍などで知られていたが、輸入されることのない幻の魚だった。しかし、最近になりコンスタントに輸入されるようになった。臆病であまり姿を見せないので、レイアウトなどに工夫が必要だ。

分 布	ミャンマー	全 長	3cm
水 質	中性	水 温	25～27℃
育てやすさ	やさしい	ふつう	ややむずかしい	むずかしい

水草水槽に断然おすすめ！
世界の熱帯魚カタログ Part 4

ファイヤー・ラスボラ
Rasboroides vaterifloris

体高のある体形と大きなヒレ、そして深いオレンジ色が美しい人気のラスボラである。地域変異も多く、赤くならないイエロータイプやブルータイプ、背ビレのエッジに黒が現れるものなどが知られている。

分布	スリランカ	全長	4 cm
水質	弱酸性	水温	25〜27℃
育てやすさ	やさしい	ふつう	ややむずかしい	むずかしい

レッドフィン・レッドノーズ
Sawbwa resplendens

同種の仲間のうちでも1、2を争う美魚だが、その体色を十分に発色させるのが困難な魚だ。おとなしく、ほかのおとなしい小型魚となら混泳も可能。状態の良い個体を群泳させるととても見ばえがする。

分布	ミャンマー	全長	4 cm
水質	中性	水温	25〜27℃
育てやすさ	やさしい	ふつう	ややむずかしい	むずかしい

ケラ・ダディブルジョリィ
Chela dadyburjory

ハチェットの名があるが、ほかの同じ仲間に比べてハチェットらしさはあまりない。産地の違いによるものなのか、体色や模様に多少の差が見られる。輸入量は多く、コンスタントに入荷するので入手は容易。

分布	インド、ミャンマー	全長	4 cm
水質	弱酸性〜中性	水温	25〜27℃
育てやすさ	やさしい	ふつう	ややむずかしい	むずかしい

ゴールデン・アルジーイーター
Gyrinocheilus aymonieri

こけ取りとして人気のある魚で、5cm程度の幼魚が盛んに輸入されている。だが、成長に伴いこけをあまり食べなくなり、気性も荒くなる。写真は改良品種のゴールデンタイプ。どちらも丈夫で飼育は容易。

分布	タイ	全長	15 cm
水質	弱酸性〜中性	水温	25〜27℃
育てやすさ	やさしい	ふつう	ややむずかしい	むずかしい

ACT 4 ◆シクリッドの仲間

アピストグラマ・アガシジィ
Apistogramma agassizii

アピストグラマの仲間の代表種。アマゾンの広域に分布しているため地域変異も多く、しかも美しいものが多いのでマニアを喜ばせている。飼育に関しても特にむずかしくなく、繁殖も比較的容易にできる。

分 布	アマゾン川広域	全 長	8 cm
水 質	弱酸性〜中性	水 温	25〜27℃
育てやすさ	やさしい	ふつう	ややむずかしい	むずかしい

アピストグラマ・ビタエニアータ
Apistogramma bitaeniata

最も美しいといわれるアピストグラマのひとつで、人気種。アマゾン川広域に分布しているため、地域変異が豊富でコレクション性も高い。飼育、繁殖ともに比較的容易で、アピストグラマ飼育の入門種だ。

分 布	アマゾン川広域	全 長	8 cm
水 質	弱酸性〜中性	水 温	25〜27℃
育てやすさ	やさしい	ふつう	ややむずかしい	むずかしい

アピストグラマ・メンデジィ
Apistogramma mendezii

最近になり輸入されるようになったアピストグラマ。輸入は主にドイツなどのヨーロッパからの養殖個体だが、最近では分布現地からも輸入されることがある。飼育や繁殖はややむずかしい部類に入る。

分 布	ネグロ川	全 長	8 cm
水 質	弱酸性〜中性	水 温	25〜27℃
育てやすさ	やさしい	ふつう	ややむずかしい	むずかしい

アピストグラマ・エリザベサエ
Apistogramma elizabethae

伸長した背ビレをもった美種で、洋書などで長い間存在は知られていたが、ごく最近になって輸入されるようになった。性質はやや荒く、小さな魚との混泳には向かない。飼育はそれほど難しくはない。

分 布	ネグロ川上流	全 長	8 cm
水 質	弱酸性〜中性	水 温	25〜27℃
育てやすさ	やさしい	ふつう	ややむずかしい	むずかしい

Cichlids

水草水槽に断然おすすめ！
世界の熱帯魚カタログ　Part 4

Cichlids

アピストグラマ・トリファスキアータ
Apistogramma trifasciata

人気の高いアピストグラマで、南米からコンスタントに輸入されている。地域変異が多く、さまざまなタイプのものが輸入されている。飼育や繁殖もわりに容易なので、アピストグラマ初心者におすすめ。

分布	パラグアイ水系	全長	6 cm
水質	弱酸性〜中性	水温	25〜27℃
育てやすさ	やさしい	ふつう	ややむずかしい	むずかしい

パピリオクロミス・ラミレジィ
Papiliochromis ramirezi

古くから親しまれているドワーフ・シクリッドの代表種。東南アジアやヨーロッパで養殖されたものが大量に輸入されている。比較的おとなしく、丈夫でなんでもよく食べ、初心者におすすめの魚だ。

分布	コロンビア	全長	6 cm
水質	弱酸性〜中性	水温	25〜27℃
育てやすさ	やさしい	ふつう	ややむずかしい	むずかしい

チェッカーボード・シクリッド
Dicrossus filamentosus

体側の四角形が織りなすチェック模様から、この名がある。尾ビレのライヤーテールが体形にマッチして、人気も高い。毎年、シーズンになると南米からコンスタントに輸入される。弱酸性の水質を好む。

分布	アマゾン川、ネグロ川	全長	8 cm
水質	弱酸性〜中性	水温	25〜27℃
育てやすさ	やさしい	ふつう	ややむずかしい	むずかしい

エンゼル・フィッシュ
Pterophyllum scalare

最もポピュラーな熱帯魚のひとつで、高い人気を保持してきた熱帯魚界のスーパースター。改良品種が多く、それらと区別する意味合いから並エンゼルとよばれることが多い。輸入状態には気をつけたい。

分布	アマゾン川	全長	12 cm
水質	弱酸性〜中性	水温	25〜27℃
育てやすさ	やさしい	ふつう	ややむずかしい	むずかしい

ACT 5 ◆アナバスの仲間

トラディショナル・ベタ
Betta splendens

ポピュラーなベタの仲間で、スプレンデンス種を改良した種。小さなビンに入って売られていることが多い。闘争心が強く、オス同士を同じ水槽に入れると激しい争いをするので、単独飼育をすること。

分 布	タイ		全 長	7cm
水 質	弱酸性〜中性		水 温	18〜28℃
育てやすさ	やさしい	ふつう	ややむずかしい	むずかしい

ベタ・イムベリス
Betta imbellis

ベタ・スプレンデンス種に似ているが、イムベリスは必ず尾ビレに赤いエッジが入るので区別は容易。産地によっていくつかの地域変異があり、コレクション性が高く、本種だけを飼育するマニアも多い。

分 布	タイ		全 長	7cm
水 質	弱酸性〜中性		水 温	18〜28℃
育てやすさ	やさしい	ふつう	ややむずかしい	むずかしい

ベタ・コッキーナ
Betta coccina

小型の赤系のベタで、穏和なので昔はピースフル・ベタとよばれていた（ピースフルといっても喧嘩をしないわけではない）。本種の色彩を十分に引き出すには、ブラックウォーターでの飼育が望ましい。

分 布	スマトラ島		全 長	6cm
水 質	弱酸性		水 温	23〜27℃
育てやすさ	やさしい	ふつう	ややむずかしい	むずかしい

ベタ・フォーシィ
Betta foerschi

マニア憧れの熱帯魚のひとつ。フォーシィに近縁な種は色彩がすばらしく、体のブルーメタリックと鰓蓋の赤とのコントラストがすばらしい。飼育は容易だが、繁殖はむずかしく、新しめの水を好む。

分 布	ボルネオ島		全 長	8cm
水 質	弱酸性		水 温	23〜27℃
育てやすさ	やさしい	ふつう	ややむずかしい	むずかしい

Labyrinth Fish

世界の熱帯魚カタログ Part 4

Labyrinth Fish

ドワーフ・グーラミィ
Colisa lalia

グーラミィの仲間で最もポピュラーで、人気の高い魚である。大変に丈夫で飼いやすく、性質も温和なのでコミュニティタンクにうってつけ。繁殖は水面に泡巣を作り、そこに卵を産みつける。

分布	インド、バングラデシュ	全長	5cm	
水質		水温	25〜28℃	
育てやすさ	やさしい	ふつう	ややむずかしい	むずかしい

スリースポット・グーラミィ
Trichogaster trichopterus

体のふたつのスポットと、目をもうひとつのスポットに見立ててこの名でよばれている。飼育、繁殖は容易で、オスが泡巣を作り稚魚が泳ぎだすまで面倒を見る。気が強い面があり、混泳には気を使いたい。

分布	東南アジア	全長	10cm	
水質	弱酸性〜中性	水温	25〜29℃	
育てやすさ	やさしい	ふつう	ややむずかしい	むずかしい

パール・グーラミィ
Trichogaster leeri

名前のとおり全身に無数の真珠をちりばめたようで、グーラミィの中でも特に美しい種類のひとつ。発情したオスは喉元から腹部にかけて明るいオレンジ色となり、パール・スポットもいっそう輝きを増す。

分布	マレー半島、スマトラ島、ボルネオ島	全長	12cm	
水質	弱酸性〜中性	水温	25〜29℃	
育てやすさ	やさしい	ふつう	ややむずかしい	むずかしい

キッシング・グーラミィ
Helostoma temminckii var.

キッスをする魚としてよく知られているグリーン・キッシンググーラミィの改良品種。行動がユーモラスなので人気があるが、実際は威嚇行動の一種で、少々気が荒いため混泳には注意が必要である。

分布	改良品種	全長	20cm	
水質	弱酸性〜中性	水温	25〜29℃	
育てやすさ	やさしい	ふつう	ややむずかしい	むずかしい

ACT 6 ◆ナマズの仲間

オトシンクルス
Otocinclus vittatus

一般に売られている最もポピュラーなオトシンクルス。同属の他種に比べると飼いやすく、初心者にもおすすめできる。こけを好んで食べてくれるため、レイアウトには欠かすことのできない魚だ。

分布	アマゾン川	全長	5 cm
水質	弱酸性～中性	水温	25～27℃

育てやすさ	やさしい	ふつう	ややむずかしい	むずかしい

オトシン・ネグロ
Pseudotocinclus sp.

こけ取りとして使われることの多いオトシンクルスの仲間だが、本種のほうがよくこけを食べる。オトシンクルスの仲間はスレ傷に弱いので、入荷直後の個体は避け、購入時には十分気をつけたい。

分布	ベネズエラ、ボリビア	全長	6 cm
水質	中性	水温	25～27℃

育てやすさ	やさしい	ふつう	ややむずかしい	むずかしい

パロトキンクルス・マクリカウダ
Parotocinclus maculicauda

ほかのオトシンクルスに比べてやや大型で、こけをよく食べてくれる。ただし、こけがなくなると水草の新葉も食べてしまうので注意が必要。入手はやや困難で、専門店以外では手に入れられないだろう。

分布	ベネズエラ、ボリビア	全長	6 cm
水質	中性	水温	25～27℃

育てやすさ	やさしい	ふつう	ややむずかしい	むずかしい

コリドラス・アエネウス
Corydoras aeneus

最も普及しているコリドラスで、赤コリとよばれて古くから親しまれている。東南アジアで大量に養殖され、安価で売られている。丈夫で飼育や繁殖は容易。少数だが現地で採集された個体も輸入される。

分布	ベネズエラ、ボリビア	全長	6 cm
水質	中性	水温	25～27℃

育てやすさ	やさしい	ふつう	ややむずかしい	むずかしい

Cat Fish

水草水槽に断然おすすめ！
世界の熱帯魚カタログ　Part 4

Cat Fish

アルビノ・コリドラス
Corydoras aeneus var.

コリドラス・アエネウスのアルビノで、ノーマルタイプと同様古くから親しまれている。アルビノは一般的にノーマルタイプより弱いことが多いが、本種はアルビノのほうが強健。白コリの名で売られている。

分布	改良品種	全長	6cm		
水質	中性	水温	25～27℃		
育てやすさ	やさしい	ふつう	ややむずかしい	むずかしい	

コリドラス・トリリネアートゥス
Corydoras trilineatus

古くから親しまれているコリドラス。近似種が多く、プンクタートゥスなどと混同されたり、ジュリィの名で売られていたりすることも少なくない。可愛いし、丈夫で飼育しやすく、人気も高い。

分布	エクアドル、ペルー	全長	5cm		
水質	弱酸性～中性	水温	25～27℃		
育てやすさ	やさしい	ふつう	ややむずかしい	むずかしい	

コリドラス・ハスタートゥス
Corydoras hastatus

最も小型のコリドラスのひとつで、あまりコリドラスらしくないように見える。遊泳性が強く、群れで飼うと水槽の中層付近を群れで泳ぐ。小型なので、ほかのコリドラスとの混泳には向かない。

分布	ブラジル	全長	3cm		
水質	弱酸性～中性	水温	25～27℃		
育てやすさ	やさしい	ふつう	ややむずかしい	むずかしい	

トランスルーセント・グラスキャット
Kryptopterus bicirrhis

全身透明の体をもつことで有名な小型ナマズ。ポピュラーで、輸入量も多く入手も容易。ナマズにしては珍しく昼行性で、群れで中層付近を漂うように泳いでいる。とてもおとなしく、混泳も可能だ。

分布	タイ	全長	8cm		
水質	中性	水温	25～28℃		
育てやすさ	やさしい	ふつう	ややむずかしい	むずかしい	

ACT 7 ◆レインボーフィッシュ・その他の仲間

ハーフオレンジ・レインボー
Melanotaenia boesemani

体の後ろ半分が鮮やかなオレンジ色をしていることからこの名がある。非常に美しく、丈夫で飼育も容易なことから人気が高い。性質も荒くなく、同じようなサイズの魚であれば混泳も可能である。

分布	パプアニューギニア	全長	10cm
水質	中性	水温	25～27℃
育てやすさ	やさしい	ふつう	ややむずかしい	むずかしい

ネオンドワーフ・レインボー
Melanotaenia praecox

メラノタエニア属の中で最も小型で、数年前に日本に紹介されたばかりの魚類。飼育に手頃なサイズと美しさから、またたく間にポピュラー種になった。丈夫で飼いやすく、繁殖も可能である。

分布	パプアニューギニア	全長	5cm
水質	中性	水温	25～27℃
育てやすさ	やさしい	ふつう	ややむずかしい	むずかしい

バタフライ・レインボー
Pseudomugil gertrudae

最も小型のレインボー・フィッシュのひとつで、成熟したオスの大きなヒレはじつにみごとだ。胸ビレの色彩により、イエロータイプとホワイトタイプとに分けられる。飼育は容易で、おとなしく混泳も可能。

分布	パプアニューギニア	全長	3cm
水質	中性	水温	25～27℃
育てやすさ	やさしい	ふつう	ややむずかしい	むずかしい

ニューギニア・レインボー
Iriatherina werneri

小型のレインボー・フィッシュの代表種で、とても人気が高い。大きな背ビレと長く伸長するヒレが魅力的だ。現在売られているものは養殖個体なので飼育は容易。口が小さいので給餌には多少の工夫が必要。

分布	ニューギニア南部	全長	5cm
水質	中性	水温	25～27℃
育てやすさ	やさしい	ふつう	ややむずかしい	むずかしい

Rainbow Fish & Others

水草水槽に断然おすすめ！
世界の熱帯魚カタログ Part 4

Rainbow Fish & Others

スカーレット・ジェム
学名不詳

最近になってインドから輸入された、アフリカ産卵生メダカを思わせる色彩がとても美しい小型のバディスの仲間。成長しても2〜3cm程度と大きくならず、この体のサイズのわりに大きな卵を産む。

分布	インド	全長	3cm
水質	中性	水温	25〜27℃
育てやすさ	やさしい	ふつう	ややむずかしい	むずかしい

アベニー・パファー
Tetraodon travancorius

最も小型の淡水フグのひとつで、純淡水での飼育が可能で育てやすく人気が高い。塩分濃度を必要としないので水草水槽にも向いていて、しかも貝をよく食べ、水草水槽の殖えすぎた貝を退治する。

分布	インド	全長	4cm
水質	中性	水温	25〜27℃
育てやすさ	やさしい	ふつう	ややむずかしい	むずかしい

ヤマトヌマエビ
Caridina japonica

日本の渓流域に生息するヌマエビの仲間で、透明な体に規則的に入った褐色のスポットが美しい。植物食性が強く、こけなどをよく食べることから水槽内のこけ掃除としてよく働いてくれる。飼育も容易。

分布	日本	全長	5cm
水質	弱酸性〜中性	水温	15〜27℃
育てやすさ	やさしい	ふつう	ややむずかしい	むずかしい

イシマキガイ
Clithon retropictus

水槽内のこけ取り用に水槽に導入される巻き貝の一種。水草に取り付いて水槽内に侵入し、爆発的に殖えて水草を食い荒らすスネール類とは異なり、水槽内では殖えない。水草への食害も少ないので重宝する。

分布	日本、台湾	全長	3cm
水質	弱酸性〜中性	水温	15〜27℃
育てやすさ	やさしい	ふつう	ややむずかしい	むずかしい

水草ガーデニング Q&A
4 水草のコンディションの疑問編

Q 水草の新芽が穴だらけになってしまったが、なにが原因なの？

A こけ対策のために、オトシンクルスやエビをたくさん入れてはいないだろうか。これらの魚やエビは、食べるこけがなくなると水草の新芽を食べてしまうから、こけが少なくなったら魚やエビも減らすようにすること。

こけの量に合わせて、こけを食べる魚の数も変える。

Q 買った水草の外側の葉がすぐに枯れてしまう。

A おそらく、購入した水草が水上葉だったのではないだろうか。通常、ショップで売られている水草は水上葉が多く、水上葉は水中で生活できないため枯れてしまうのだ。しかし、そのあと新たに水中に適した葉を展開してくるので、安心してだいじょうぶ。

Q ミクロソリウムが黒くなって、枯れているようなのだが。

A それは水性シダ病とよばれる病気。黒く変色してしまった葉はすべて切り落として、しばらく様子をみてみよう。水性シダ病は感染力が強く、健康な株にも病気がうつってしまうので、別の水槽に分けておくこと。高水温時に発病しやすいので気をつけたい。

Q 水草の頂芽が白っぽく変色しているが、なぜ？また、その対策は？

A これは肥料不足が考えられる。水草が有茎種の場合は液体肥料を与え、ロゼット種の場合は固形肥料を与えると、元の状態にもどるはずだ。

Q 液体肥料は、水換えをするたびに入れるの？

A 水換えのたびに入れるのが一般的だが、効率よく水草に吸収させるには、毎日1～2滴ずつ入れるほうがより効果的だ。本書の肥料のページ（P.146～149）で詳しく解説しているから、ぜひ参考にしてほしい。

Q 水草水槽で魚が病気に。魚用の薬を入れてもだいじょうぶ？

A 通常の薬は水草を枯らせてしまうので、使用することができない。しかし、水草に影響を与えない薬も販売されているので、それらを使うとよい。また、魚を別の水槽に移してから、水草の治療をする方法もある。

Part 5

水草ガーデニングをより楽しむために

水草水槽のメンテナンス

水槽のレイアウトが完成したら、今度はメンテナンスが待っている。こけ対策や水草のトリミングなど、きれいな水槽を保つためにも、日常の管理は欠かせない。コツがあるので、おぼえてほしい。

肥料の与え方

こけの発生と対策

水草のトリミング

水換えの方法

水草の株分け

水草の病気と対策

STEP 1 確かなメンテナンスが、成功への道。
メンテナンスのカギは"水"

メンテナンスがうまくできなければ、水草レイアウトを作製したことにはならない。正しいメンテナンスによって水槽のコンディションを維持してこそ、完成なのだから。

作製から約1カ月以上たった水槽。水草も成長し水景が崩れてきている。そろそろトリミングの時期だ。

水草にとって最も大切な「水」。 pHショックに気をつけたい。

水は、水草が状態よく成長するために最も重要な要素といえる。水換えをきちんとすることで、初心者が起こしてしまいやすいトラブルを、かなり減らすことができる。

よくみられるトラブルにこけの発生があるが、これは水槽セット時に使用した底床肥料が、適量より多く水に溶け出すことで水草が吸収しきれなくなり、こけの発生を誘発してしまうから。水槽のセット初期段階に多く発生する糸状のこけは、水換えを正しくすることで、かなりの割合で抑えることができる。

日ごろのチェックを怠らず、こけの発生を未然に防ごう。

また、セットの初期段階では、バクテリアが完全に活動していないため、水質が安定しづらく水質が悪くなるのも早い。セットから1カ月程度は、最低でも1週間に1回は水換えをすることをおすすめしたい。

Maintenance

水草ガーデニングをより楽しむために
水草水槽のメンテナンス　Part 5

しかし、ここでおぼえてほしい大切な点は、「ただ水を換えさえすればよいのではない」ということである。水草にはそれぞれ適した水質があるのは無論だが、適応して落ち着いた水質からの急変にも気をつけたい。そう、水換えで最も注意しなければならないのがpHショックなのである。

pHショックとは、たとえば水槽の水がpH6.0だとすると、それに対して新しく入れる水がpH7.5であった場合など、pHに差が生じたときに起きるショック状態のことである。pHショックのひどい場合は、水草が溶けるように枯れたり、魚の場合は死んでしまったりすることもある。

これを防ぐには、新しく入れる水のpHと水槽のpHとが同じになるように、水質調整剤などで（pHプラスやpHマイナスなど、水道の水に合わせて使用する）調整を行うことだ。

これは水換えの基本だが、そのためにはセット段階や水換えの際に、しっかりと水槽の水質を把握しておくことが必要なのである。

よい水をキープするには水換えが欠かせない。

枯れた葉を取り除かないと、美しさが半減。

上手な水換えの方法とは？

水換えにはふたつの方法がある。水だけを換える方法と、専用器具を使って底床も同時に掃除してしまうやり方とで、いずれの場合も、家庭用の水道ホースや水換え専用器具を使用して行う。

水道のホースを使った方法では、上部フィルターのストレーナをホースの先に付けるとよい。これは水草や魚を吸い込まないようにするためと、水を入れるときに底床を巻き上げないようにするためだ。専用器具を使用して底床も掃除する場合は、水草を植えていない場所の底床を水と同時に吸い上げて泥（分解され底床にたまった汚れ）抜きをする。

水換えは、多くても水槽全体の半分程度にとどめるようにする。新しい水を入れるときには、水換えによるpHショックに気をつけること。また、ソイル系などの底床の場合は、水を入れる際に底床を巻き上げないように注意し、ビニールや受け皿などを使うのもよい。巻き上がって水草の葉に付着すると、こけの発生にもつながるので気をつけたい。

枯れ葉や傷んだ葉はすぐに処理する。

レイアウトの中に枯れた葉があると美しさが半減してしまうので、枯れて駄目になった葉はつねに取り除くようにしたい。また、多くの変色した葉や元気のない葉が見られるときは、肥料不足が考えられるので追肥を行う。与える肥料は有茎種には液体肥料が、ロゼット種には固形肥料が基本である。

145

STEP 2 水草によって肥料の種類や与え方はいろいろ。
肥料の選び方と与え方

肥料をうまく使って水草を育てるために、与え方のコツを正しくおぼえておこう。与える肥料は、水草の種類によって種類も量も違うので、与え方をまちがえないようにしたい。

肥料の施肥は、水草を育てる中で特に重要な要素。

　肥料の与え方は、水草の種類や症状により変わってくる。各メーカーから発売されている肥料は成分がそれぞれ違い、使い方もまた異なる。それらの肥料の形状を大きく分けると、液体肥料および固形肥料のふたつの形で販売されている。

　まず水槽設置時に使うのが、粒状の砂利に混ぜるタイプの肥料（パワーサンド）である。つぎに新しくセットするまで追加する必要のないもので、このタイプの肥料は水槽セット時に使うこともあって、最初は水草があまり吸収せずに水に溶け出してしまう。そのため1ヵ月程度はこまめに水換えを行わないと、こけの発生の原因になるので注意したい。

　固形肥料には追肥用のものもあるが、これもむやみに追肥をしてはならない。特にソイル系の底床を使っている場合は注意する。ソイル系は天然土壌を原料にしているため、多少肥料分が含まれているので、セットしてから1年くらいはよけいな追肥をしないほうがよい（このようなことは説明書きには書かれてはいないが）。ただし、例外として有茎草が密に植えてある場合は肥料分の吸収が速いので、追肥が必要な場合もある。水草の健康状態を見ながら臨機応変に行うとよい。

　葉の色が白っぽくなる白化現象が生じたり、

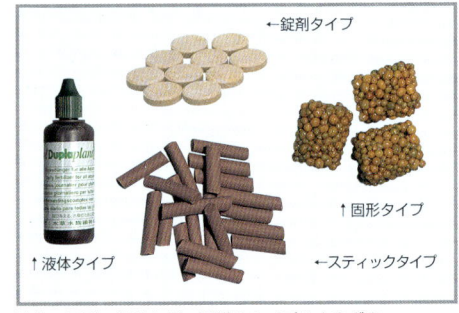

液体、固形、錠剤など、肥料のタイプはさまざま。

液体肥料は規定量を一度に入れるよりも、毎日少しずつ入れるのが効果的だ。

新芽が小さくなったりしたら追肥のタイミングである。このような症状では鉄分などの多い肥料が有効で、ロゼット系の水草も同様だ。

　液体肥料は説明書のとおりに使用してもよいのだが、筆者の経験では毎日1～2滴ずつ入れる添加方法がより効果的である。これは一度に規定量を入れても、水草が吸収できる量は少なく、効果的でないと思うから。しかも残りの肥料がいつまでも水にあると、こけの大量発生の原因を作ってしまうのだ。

水草ガーデニングをより楽しむために
水草水槽のメンテナンス Part 5

肥料の与え方
水草の状況や症状に合った肥料添加を行うことが大切。

　間違えた肥料添加は、即こけの発生につながってしまう。肥料分が十分に水槽内にあるのに、さらに添加してしまえば、水草には吸収されずにこけの栄養となってしまう。これは、特に水槽セット初期に初心者がおかしやすい間違いで、水草が根を張っていないのに肥料を入れても、それは吸収されないのが普通だ。糸状のこけが少しでも発生していたら、肥料過多が原因なのである。水草が健康に生長しているのに、よけいな肥料を与えても意味がないどころか、悪影響になることも多いのだ。

　正しい肥料の与え方として、水草の成長が急に遅くなったり、葉がやや白化現象（赤系の水草の場合は緑色になる）を起こしていたりしたら、追肥のタイミングである。基本的に、有茎種には液体肥料が、ロゼット種には固形肥料が有効である。赤系の水草には、肥料成分の中で、鉄分の多く含まれる肥料を与えると特に有効である。

1 肥料をピンセットでつまむ
スティック状の肥料は水草の根元に入れるため、手で行うよりもピンセットなどを使って追肥する。そうすれば、水草が密植していても容易に追肥できる。

2 肥料を水草の根元に差し込む
スティック状の肥料は、水の中に入れるとすぐに溶けてしまうので、手早く水草の根元に入れることを心がける。なるべく根の奥に入れるのがコツ。

3 終了
追肥を行って底床が乱れた場合は、必ず直しておく。これで行程は終了である。スティック状以外の肥料も、なるべく早く作業を行うのがこつだ。

失敗例 手早く行わないと固形肥料はすぐに溶けてしまう。
スティック状の肥料が水を吸い、ふくらんだ状態。 
ふくらんだ肥料が崩れ、水に溶け出している状態。

写真のように固形肥料が溶け出してしまうと、これが原因でこけが発生してしまうこともある。こんなささいなことが、こけの大量発生につながるので注意したい。

タイプ別肥料の使い方

適切な肥料を選ばないと、水草に悪影響をおよぼすことも。

水草の症状に合った肥料を与えなければ、追肥をしてもなんの意味もない。それどころか、逆に悪影響を与えてしまうことも多い。

ロゼット種しか植えていない水槽に、液体肥料を入れても効率よく吸収できない。これは底床の中に根があるため、固形肥料を根元に入れるのが正しい追肥である。逆に、有茎種は茎から根を出すため、液体肥料のほうが効率よく確実に吸収できる。このように水草の種類・症状で使う肥料は異なる。さまざまなメーカーから販売されているが、メーカーを統一して使うほうが効果的である。

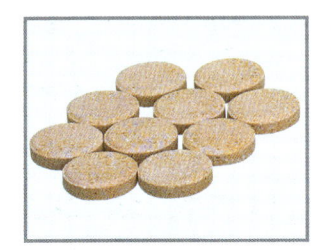

テトラ社・テトラクリプト

錠剤タイプの肥料はとても扱いやすく、容易に追肥ができるのがうれしい。

特にロゼット種の水草に有効で、直接水草の根元に入れて使うのが正しい使い方である。水槽の大きさにより使用量が変わるので注意する。

どんな肥料でもいえることなのだが、必ず規定量を守るということが、うまく追肥をするコツである。

ディプラ社・プランツ24

液体タイプで、毎日少量を添加する肥料である。鉄分が多く含まれているため、特に赤系の水草には抜群の効果がある。

液体肥料の多くは説明書のとおり、一度に規定量を追肥する使用法が一般的である。しかし筆者の経験では、どんな液体肥料でも効率よく添加するには、毎日1～2滴を添加したほうが、むだなく水草が肥料を吸収できて効果的である。

アクアフローラオランダ社・水草用肥料

おこしタイプの固形肥料で、水草の根元に入れるタイプのわりに、比較的大きめなので扱いやすいだろう。

効き目がゆっくりであるため、一度入れてしまえば1ヵ月程度は効き目がある。

特にエキノドルスなどに有効で、かなり弱ったものでもすぐに回復する。肥料に根が自然に絡み、直接栄養を吸収する優れものである。

ジャレコ社・フロラスティク

水草が必要としている栄養をバランスよく配合している肥料で、底床に埋めて使うのが一般的である。そのほかの使い方として、細かく割ったものを底床にあらかじめ混ぜて使うこともできるだろう。

このての肥料は、水分をすぐに吸収して崩れやすいので、作業は素早く行うようにする。崩れたものは、こけの発生源になるので注意する。

水草ガーデニングをより楽しむために
水草水槽のメンテナンス Part 5

肥料過多による失敗の防ぎ方

初心者の失敗の原因は、多くが肥料過多によるもの。

　肥料過多による失敗が一番多いのは、現在最も多く普及している、天然土壌を用いたソイル系やサンドとよばれる底床を使ったときだろう。これらの製品は、もともと天然養分が含まれているものがほとんどで、さらに肥料を混ぜて作られているものもある。つまり、肥料分があるところにさらに肥料を追加してしまうと、肥料過多になりやすいのである。

　ほかには、計算なしに違うメーカーの肥料を混ぜて使うことも、肥料過多の原因になっている。たいていどのメーカーでも液体肥料と固形肥料を販売しているが、成分が違う両方の肥料を使っても、同じメーカーなら肥料バランスは崩れないようになっている。

　しかし、違うメーカーの製品を合わせてしまうと、当然肥料バランスは崩れてしまう。こうしたことを考えると、経験のないうちは使用するメーカーを統一するのが無難である。

　水草の根元に追肥するときも注意が必要で、おぼえておかなければいけないことは多い。まず、あまり強い肥料を与えると根焼けが起こり、ひどい場合は枯れてしまうこともあるということ。対策として、根元に追肥するタイプの肥料も前述したことと同じで、一番重要なのは、表示されている肥料の規定量を必ず守ることである。

　そして、やはり肥料のメーカーは同じものにすることだろう。また、固形肥料を有茎種に与えるときには、根元に入れるのではなく、根から少し離れたところに入れるのが一般的である。直接根元に入れてしまうと、ショックで根焼けを起こし、ひどい場合は枯れてしまうこともある。

　もうひとつ重要なことがある。それは本当に肥料不足が原因なのか、を必ず調べることだ。多くの初心者がおかしがちな間違いは、購入した水草が水上葉であることがわからず、水中化する際にそれが枯れてきていると勘違いして追肥してしまうことである。このように肥料過多にしてしまい、根焼けを起こして枯らすことも多いのだ。かなり多くの人が、本当は肥料不足ではないのに肥料を追肥してしまい、水草を枯らしていたり、水槽の中をこけだらけにしていたりするのである。

　以上のことに注意すれば、肥料過多の失敗はかなり防げるだろう。

これは、ほとんどの場合が肥料過多で発生するこけである。

底床の中に発生するこけは、死んだバクテリアなどによって発生したものである。発生してしまったら、底床専用のクリーナーを使って掃除をすれば対処できる。しかしこうなる前に、水換え時に底床をこまめに掃除したい。

149

STEP 3 こけの発生と対策

水草水槽を作るときに必ずつきあたる壁。

このにっくきこけが原因で、水草水槽を維持するのをあきらめた人も多いだろう。こけはだれでも一度は経験することで、これにめげずにつづけるのが水中ガーデニング成功への道である。

一番やっかいなこけのひとつ、ヒゲ状こけ。

こけはどんなときに発生し、対策はどうすればいい？

こけの発生は、水草水槽のどうしても避けては通れない壁である。原因はいくつか考えられ、照明も大きな発生原因のひとつである。照明の時間が長いと、こけの発生を促すことになる。また、水換えの頻度が少ないと、亜硝酸濃度が上がってこけの発生につながるので、定期的に水換えを行うことも重要である。

発生の原因はいろいろあるが、肥料過多などで、水槽全体のバランスが崩れているということが最大のものだろう。バランスの崩れの一例として、フィルターの目詰まりや、水槽に対してフィルターの容量が小さいことなどがあげられる。

どの原因も手をかければ防げることなので、めんどうくさがらずに行いたい。対策にも人為的に行うものと、生物処理の両方があるが、便利なグッズをうまく使って、こけ取りは楽に行いたいものだ。

こけ対策グッズ

→スポンジ、ブラシ、マグネットクリーナー

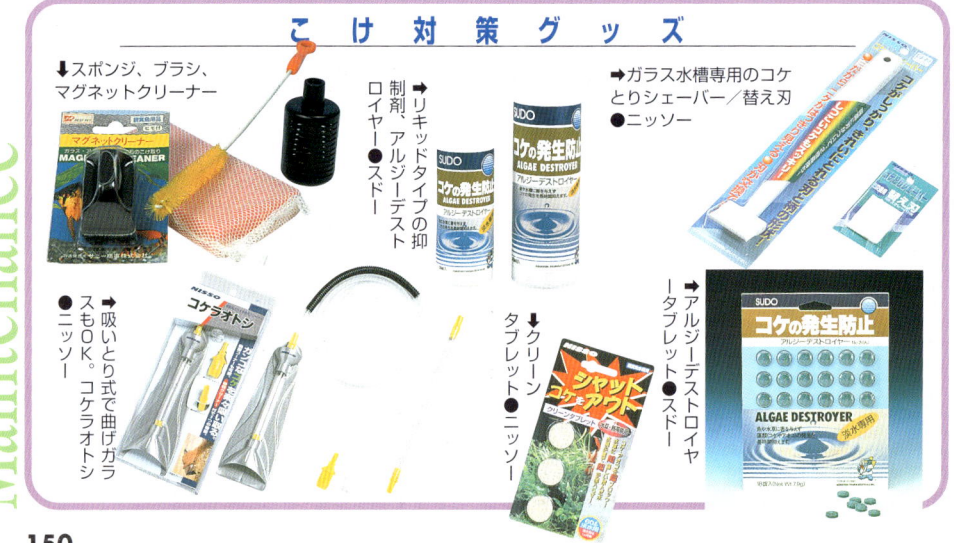

→リキッドタイプの抑制剤、アルジーデストロイヤー●スドー

→ガラス水槽専用のコケとりシェーバー／替え刃 ●ニッソー

→吸いとり式で曲げガラスもOK。コケラオトシ●ニッソー

→クリーンタブレット●ニッソー

→アルジーデストロイヤータブレット●スドー

Maintenance

150

水草水槽のメンテナンス

水草ガーデニングをより楽しむために

Part 5

Maintenance

やっかいなこけを食べる魚

こけを食べてくれる一石二鳥のマスコットを飼育しよう。

こけの予防もかねて、生物にこけを食べて処理してもらうとよい。きれいで可愛くて、しかもこけを食べてくれる一石二鳥の生物だ。

しかし、書籍やショップで一般にこけを食べるといわれている魚も種によって食べるこけが違い、好みでないこけは食べてはくれない。また、水質によっても魚種は限られる。むやみに魚を入れてしまうと、死んだ魚によってさらにこけの発生を促して、逆効果になってしまう可能性もありえるのだ。

これらのことに注意して、自分の水槽に合った魚種を選んで飼育しよう。

こけを食べる魚たち

ヒゲ状こけを好んで食べる魚。

ペンシル・フィッシュ 　　ドワーフ・ペンシルフィッシュ

ヒゲ状こけを好んで食べる唯一の魚で、ほかの糸状こけなどもよく食べてくれる。60㎝水槽で、5～6匹が適している。

茶こけを好んで食べる魚。

オトシンクルス・ネグロ 　　ゴールデン・アルジーイーター

流木や水草についた茶こけを好んでよく食べる。よく似た緑色のこけもよく食べる。ガラス面についたこけも食べるので大変便利だ。

糸状こけを処理してくれるエビ。

ビー・シュリンプ 　　ヤマトヌマエビ

最も水草水槽に入れられていることの多いエビで、おもに糸状こけを食べてくれる。ただ、あまりpHの低い水槽には適していない。

藻類を好んで食べる貝。

イシマキガイ 　　イガカノコガイ

水槽のガラス面についた藻類を好んで食べてくれる貝だが、汽水域に生息する種が多く、純淡水ではあまり長生きしない。

いやなにおいの藍藻に困ったときにはこの魚を。

ブラック・モーリー

ほかの魚がまったく食べてくれない藍藻やアオコなどの、最も厄介なこけを食べてくれる働き者で、ぜひ水槽に入れることをおすすめする。これらのこけは繁殖力が強く、いったん発生してしまうと、たちまちこけだらけになってしまう。発生してから入れるよりも、最初から入れておくほうがよいだろう。

151

こけ発生の対策法
種類ごとのこけの対処法をマスターすること。

　こけの対処法としては、人為的処理法と生物的処理法のふたつがある。人為的処理法は、各メーカーから販売されている、専用に開発された便利なグッズを使った方法である。また薬品を使った方法もあるが、この方法ではシダ類の入った水槽には使用できない。

　生物的処理は、手間がかからずに処理のできるとても楽な方法である。ただし、どんなこけでも食べてくれるわけではないので、こけに合った魚や貝を選ばなくてはならない。また、こけの量にもよるが、生物的処理はある程度の個体数が必要になる。しかし、エビやオトシンクルスは、こけが少なくなってきたりなくなってきたりすると、水草の新芽なども食べてしまう。できればエビ専用の水槽を用意して、個体数を調整したい。

　このような方法をとれば、大部分のこけへの対策としては十分だろう。

斑点状こけ

ガラス面についた斑点状こけ。

人為的対策
　人為的処理としては、ガラス面の場合はスポンジなどで拭けばすぐに取れる。アクリル水槽の場合は、アクリル専用の傷のつかないスポンジなどを使って拭き取る。

生物的対策
　生物的には、オトシンクルスやイシマキガイなどの貝類がよく食べて処理してくれる。ただし、ある程度の数は必要で、60㎝水槽で最低5匹は用意すべきだろう。

アオミドロ

水草についた、髪の毛のようなこけがアオミドロ。

人為的対策
　比較的、セット後間もないときにつきやすい。歯ブラシなどで絡めて取ることができるが、完全には取りきれないので、水換えをこまめに行うこと。突然消えることもある。

生物的対策
　このこけに適した生物は、エビやオトシンクルス、ペンシル・フィッシュなどで、けっこう好んで食べる種類も多い。なかでも特にエビが有効で、あっという間に食べてくれる。

水草ガーデニングをより楽しむために
水草水槽のメンテナンス Part 5

これを処理する

ガラス面のこけの処理方法とは。

　美しい水草水槽を作るには、ガラス面にこけのついていないことが最低条件だろう。気がついたら、すぐにスポンジなどを使ってきれいに拭き取る。頑固なこけは、三角定規などを使うと容易に取ることができる。アクリル水槽の場合は、専用のスクレーパーなどを使うと、キズをつけずに取ることができる。管理する者が一番楽な方法を用いて、つねにきれいにしておくことを心がけよう。

ガラス面の頑固なこけを、三角定規で落としていく。このときホースで吸い取りながら行うとよい。

スポンジを使って、こけを拭き取るように落とす。水槽専用のスポンジがあるとさらによい。

藍藻

レイアウトを台なしにしてしまう藍藻。

人為的対策

　最も厄介なこけで、人為的に取るにはホースで水といっしょに吸い出すのが一番。あまりにも大量発生した場合は、水草を出してすべてきれいに洗い、底床も作り直すとよい。

生物的対策

　藍藻にはブラック・モーリーが一番で、かなり食べてくれる。しかし、数を入れなければこけの成長に追いつかない。そのため、人為的な対策との兼用が最も効果的である。

ヒゲ状こけ

処理がむずかしく、発生させないようにしたいヒゲ状こけ。

人為的対策

　葉についたこけは指でむしり取るか、薬品を使う方法がある。器具や流木についたこけは、タワシやブラシなどで落とす。葉にあまりにもひどくついていたら切り落とす。

生物的対策

　ヒゲ状こけは、ペンシルフィッシュがよく食べてくれる。ほかの魚では、かたすぎてなかなか食べてくれない。こけが多い場合は、それなりの数を入れなければならない。

STEP 4 水草レイアウトの中で最も楽しい作業。
水草のトリミング

水景の維持は容易ではなく、トリミングは欠かすことができない作業である。水草の成長は種類によって異なるので、トリミングの仕方も変わってくるのだ。

そろそろトリミングが必要になってきているレイアウト水槽。どのようにトリミングするか、完成図をイメージする。

水草のトリミングを怠ると、見るも無惨な水槽に。

　トリミングは水草レイアウト水槽に必ず必要な作業で、それなりの手間をかけなければレイアウトを長く維持することはできない。特に有茎草は上へ茎を伸ばして成長するので、有茎草をメインに使ったレイアウトでは頻繁にトリミングを行う必要がある。

　トリミングを怠ると、レイアウトとはほど遠い、見るも無惨な畑状態になってしまう。さらに放っておくと、状態よく成長した水草をだめにしてしまうことになる。畑状態になるということは水草がうまく成長している証拠なのだが、大きく伸びた水草が水面を覆い、前景草などのほかの水草に光が当たらなくなってしまうからだ。光が当たらないと成長不良になり、最悪の場合は溶けてしまうので、早めのトリミング処理が必要なのである。

　ひと口にトリミングといっても多様な方法があり、種類によってやり方が違う。有茎草の場合は基本的にふたつの方法があり、これ以上殖えたら困る場合は、一度水槽から抜きカットをして植え直す。もっと殖やしたい場合は、そのまま茎の途中でカットして差しもどす。ロゼット種は、抜かずに葉だけをカットする。また、大きくなって困るときは、一度抜いて根をカットする方法がある。

水草ガーデニングをより楽しむために
水草水槽のメンテナンス Part 5

Maintenance

1 ガガブタのカット

ガガブタの仲間は大きな葉を出しやすく、放っておくと水面にまで達して、その下に光が届かなくなってしまう。見た目も悪いので、頻繁にトリミングを行う。カットした浮き葉は差しもどすことにより、根を出して独立株となる。

2 バコパのカット

有茎種の水草は成長が速く、放っておくとすぐに水面に達して水上葉を出してしまう。そのためにもトリミングは頻繁に。

3 バコパの差し戻し

トリミングした上の部分を植え戻して殖やす方法を、差しもどしという。カット時に、下準備と同じ処理をして植える。

4 ガガブタの浮き葉のカット

いらない浮き葉は、株の根元をハサミを使ってカットする。ガガブタの場合は、浮き葉も差しもどせば独立株となる。

5 ナヤスのカット

ナヤスの仲間は茎が折れやすいので注意する。カット方法はほかの有茎種と基本的には同じだが、下草は切らない。

6 ナヤスの差しもどし

差しもどすときは、傷をつけないようにピンセットで軽くはさむ。ナヤスは、葉をつけたまま2節ほど植えると根付きやすい。

7 不要な茎を引き抜く

トリミングで不要になった茎や、黒く変色した茎は引き抜いておく。抜かずに枯れるとフィルターの目詰まりの原因になる。

155

8 エイクホルニアの脇芽を切り分ける

エイクホルニアの仲間は、状態よく成長すると脇芽をたくさんつけるので、親株の付け根から切り分ける。

9 長さを整える

切り分けた脇芽は長さがまちまちで不ぞろいなので、きれいに見せるためには長さを整える必要がある。

10 カットする

カットする際には節間のやや下でカットして、下草を半分ほど残す。また、長さは段差をつけてカットするとよい。

11 カットと終了

段差をつけると、植えた際に立体感が出る。植え込むまでのカットの間は、バットなどに入れて乾燥を防ぐ。

12 水槽の中のゴミをすくう

トリミングを行うと、水草の切れ端や枯れ葉などが水中を漂っていたり、水面に浮いていたりするので、ネットを使ってすくい取る。特に浮き草が水面にあるときは、ひとつ残らず取ってしまわないと、すぐに水面を覆うほどに殖えて、ほかの水草を枯らすことになる。

トリミング前

水面に達している水草も目立ち、このままだと前景草に光が届かなくなるおそれがある。

トリミング後

全体的に水草の丈を詰め、差しもどしをした状態。もう少し時間がたてば、よりきれいになる。

水草水槽のメンテナンス

水草ガーデニングをより楽しむために **Part 5**

種類別トリミングの方法

水槽に入れる水草の数だけトリミングの数がある。

間違ったトリミングを行っては、せっかく作製したレイアウトを台なしにしてしまう。

トリミングの方法は種類によって異なり、大きく分けて有茎種、ロゼット種やシダ類で、それぞれカットする場所や方法が違っており、誤ると新芽が出ない場合もあるのだ。正しいトリミング方法を、しっかりと頭に入れておきたい。

ニュー・パールグラス

トリミング方法は人の髪を坊主頭にするように丸みをつけ、節を気にせず、まとめ植えのまま好きな長さにカットしていく。切り口からは無数に新芽が出て、大きな茂みを作れる。カットした上部はいらないので処分する。

エキノドルス

この仲間はやや大型に成長するので、トリミングは思いきってカットしたほうがよい。変色した葉や食害された葉は、すべて葉柄の付け根でカットする。大きく育ちすぎたときは、底床にハサミを入れて根をカットする。

ボルビティス

シダの仲間なので、夏場の高水温時に発病する水生シダ病の予防対策も兼ねて、水温が高くなる夏前にトリミングをするとよいだろう。色の悪い葉やヒゲ状こけのついた葉は、根元でカットするようにする。

アヌビアス

成長が遅いためにヒゲ状こけがつきやすく、一度ついてしまうと取れないので、このような葉や枯れ葉はトリミングする。また、地下茎が黒く変色したものは、雑菌が入った腐敗症のおそれがあるので、変色した部分からカットする。

STEP 5 バクテリアを殺さぬ正しい水換えの方法とは。
水換えとフィルターの洗浄

水草が成長するにはよい水が必要不可欠で、新鮮な水は人間でいうと空気にあたり、つねに新鮮なものを求めている。水換えを怠ると、水草の成長が止まって枯れることもある。

水換え

正しい水換えは低床を長もちさせることにもつながる。

底床が汚れていると、藍藻が底床の中に発生してしまう。また、ソイル系の底床は粒が崩れて粉状になってフィルターに詰まったり、底床を粘土状にして根詰まりをおこしたりする原因になる。正しい水換えは水をよくするだけでなく、ソイル系の底床をより長持ちさせてくれるのだ。

底床が詰まり、藍藻が発生した状態である。

1 水槽の水を抜く

水換えはただ水を換えるだけでなく、同時に底床の掃除も行うようにする。プロホースという商品があり、これを使うと便利である。

2 砂を吸い上げる

砂を吸い上げるときにホース部分を曲げながら行うと、吸い上げる力を調節できる。ゴミだけを吸い出し、底床肥料などは吸い上げない。

3 細かい粒子を吸い取る

このようにゴミを吸い取っていく。

細かい粒子だけを吸い上げる。

ホースを調整すると、細かい粒子だけを吸い出して大きい粒は下へ落ちる。この作業を繰り返し行う。

4 水をバケツに入れる

この汚れが水槽の中にあるのだ。これだけ汚れていれば、水草や魚にとってよい環境ではないことがわかるだろう。

水草ガーデニングをより楽しむために
水草水槽のメンテナンス Part 5

フィルターの洗浄
大掃除は定期的に行う。

外部式フィルターはろ過能力が高いため汚れやすく、目詰まりなどを起こしやすいので、定期的に掃除をすること。フィルターのろ過能力が落ちると、クリプトコリネなどのデリケートな水草は溶けるように枯れてしまうのだ。ただし、正しいメンテナンス方法を知らないと、ろ過バクテリアを殺してしまい、逆効果になってしまうので、しっかりとマスターしたい。

1 フィルター全体を取り出す
ろ材には汚れがたまっている。
ダブルタップを締め、電源を切る。
フィルターを止める場合は、ダブルタップを必ずOFFの状態にしてから電源を切って、ホースを外すようにする。

2 フィルター上部から開始
フィルターは上部部分にモーターが付いていて、下のケースにはろ材が入っている。まずはモーター部分から始める。

3 キャップをはずす
モーター部分をはずすには、ケース内に空気を入れないと開かない。まずキャップをはずす。

4 ロックをはずす
メーカーにより壊れやすいものもあるので、数ヵ所のロックを注意して軽くはずす。

5 ふたを開ける
キャップをはずしたので、モーター部分と水との間に隙間ができ、容易に開けられる。

6 インペラーをはずす
内側のカバーを開ける。  
インペラーをはずす。
洗浄のため、モーター部分からインペラーを取り出す。

7 インペラーを洗う
パイプ専用クリーナーや歯ブラシなどを使って、取り出したインペラーの汚れを落とす。

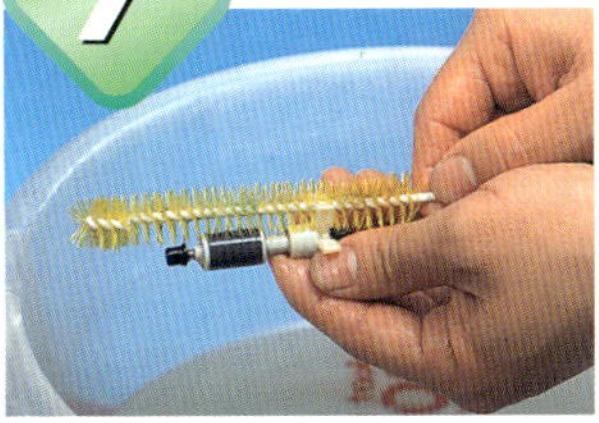

8 ケースを洗う
フィルターケースを出して、外側の本体ケースを柔らかいスポンジなどで洗っておく。

9 フィルターを取り出す

フィルターケースを開け、一番上のウールろ材を取り出す。細かいゴミで一番ひどく汚れている。

10 フィルターを洗う

バクテリアを殺さないように、バケツに水槽の水を入れて洗う。

バケツの中でもみ洗いするように洗う。こんなに汚れている。

何度も繰り返し洗うと、徐々に汚れが落ちてきれいになる。

ウールろ材の素材はとても弱く、一度洗うと傷むので、つぎは新しいものと交換する。フィルター掃除のたびに新品に替えてもよい。

11 ろ材を洗う

ろ材の中にも汚れが詰まっている。やはり水槽の水で洗う。

米を研ぐように洗う。これくらい落ちればよい。

せっかく付着したバクテリアを殺さないように、ろ材もやはり水槽の水で洗う。

12 活性炭を洗う

活性炭は水質をよくしたり、水のにおいを取ったりするので入れたほうがよい。ただし、比較的速く効果が落ちるので、できれば毎回新品を使用するとよい。

活性炭もこんなに汚れてしまうのだ。

何度も洗ってきれいにする。

Maintenance

水草ガーデニングをより楽しむために
水草水槽のメンテナンス Part 5

Maintenance

13 シャワーパイプを取り出す

ヒゲ状のこけがたくさんついている。本来はこうなる前に掃除をし、キスゴムも劣化していたら、新品に交換する。

14 パイプの表面を洗う

シャワーパイプの表面についたこけは、三角定規を使って削り落としたり、柔らかいスポンジで洗ったりするとよく落ちる。

15 パイプの内部を洗う

シャワーパイプの内部は水垢(あか)が付着して汚れているので、パイプ掃除専用のブラシを使って掃除する。長さの違う専用ブラシや歯ブラシがあると便利だ。

パイプは、水垢とこけで汚れている。

パイプクリーナーで汚れを落とす。

16 給水パイプを洗う

給水パイプの汚れがひどいときは、漂白剤につけおきしてから洗う。その後、必ず中和してから水槽にもどすこと。

17 エルボー部分を洗う

エルボー部分を掃除するには、柄が短くて、やや毛の太いブラシを使うとよい。ヒゲ状のこけは指でつまめば容易に取れる。

18 水槽のガラスを洗う

ガラスにはカルシウム（ガラスのふちについている白いもの）がよく付着する。落とすには、酢で洗うとよい。

19 水槽に水を入れ、完了

水槽の半分ほど水を抜いたら、塩素中和した新しい水を入れる。pH調整剤で水槽の水とpHを合わせて入れればよりよい。

STEP 6 水草の殖やし方

タイプ別に水草の殖やし方をマスターする。

水草の殖やし方といっても、水草が状態よく成長すれば、勝手に脇芽やランナーを出して殖えてくれる。しかし、そこからの処理の仕方が大切なので、しっかりとおぼえたい。

お気に入りの水草を殖やし、レイアウトに使おう。

高値な珍種などは一度に多くは購入できないだろうから、自分の水槽で殖やしてレイアウトに使うと経済的だ。しかし、状態が悪ければ殖やすことはできない。どの種類もまずは、状態よく育てることが最低条件なのである。水草の殖やし方は種類によって異なり、大きく3つに分けることができる。その3つとは、有茎種、ロゼット種、そして地下茎で殖える（アヌビアス・ボルビディスなど）種である。

写真中央に見えるのが、エキノドルスの親株から出た、子株のついているランナーである。

エキノドルスが状態よく成長して、多くのランナーを出して殖えているのがわかる。

PART 1 有茎水草

比較的容易に殖やせるのが有茎種の水草である。そして、種類が多いのも有茎種の特徴で、レイアウトを作製するときなどは、すべて有茎種を使って作ることもできてしまう。

1 水草を切り取る

トリミングの際に脇芽のついている水草があれば、カットして水槽から取り出しておく。

2 子株を切り分ける

脇芽をカットするときは、親株を傷つけないように、子株の付け根をカットして分ける。

3 株分け終了

小さな株は、大きくなるまで親株につけておく。それ以外はすべてカットして終了。

水草ガーデニングをより楽しむために
水草水槽のメンテナンス Part 5

PART 2 ロゼット状水草

ロゼット水草は丈夫でレイアウトにも使いやすいが、殖やすのはむずかしい種類が多い。殖やし方にはふた通りあり、ランナーで殖えるものと株分けで殖やすものとである。

1 親株を取り出す

子株をつけたエキノドルスのマザープラントである。まず、このように子株をつけた株を水槽から取り出す。

2 ランナーを切り離す

子株をつけたランナーを親株から切り離す。子株が小さいと根づかずに枯れるので、そのまま切り離さずつけておく

3 ランナーから子株を切り離す

ランナーから子株を切り離すのだが、子株から数本芽が出ているものだけを切り離す。小さな株や成長不良の株は処分する。

4 枯葉などを切り取る

子株についている枯れた花や枯れ葉を、すべて切り取っておく。数株がついている場合には、良株だけを残して処分する。

5 株分け終了

すべての作業を終了した状態。わかりやすくするために親株を水槽から出して行っているが、実際に株分けするときは、水槽内で行ってもよい。

POINT 子株はどのようにできるか。

エキノドルスの白い花。 　花が終わり子株ができる。

水面上に出たランナーだけに花が咲き、子株がつく。まれに水中でも花が咲くことがあるが、通常は水中にランナーを出し、花は咲かずに子株だけつける。

そして、ランナーにたくさんの子株をつける。

PART 3 アヌビアス

地下茎で殖える種類の水草は、株分けでしか殖やすことができない。しかし、成長が遅くて時間はかかるが、比較的丈夫な種類が多く、容易に殖やすことができる。

1 親株を取り出す

成長したアヌビアスのマザープラントを水槽から取り出して、こけや枯れ葉をこの時点でカットしておく。

2 カッターを火であぶる

ハサミよりもカッターで切るほうが、地下茎を傷めずに切れる。消毒のためカッターは火であぶって使う。

3 カッターで株分けする

葉が2、3枚ついているものを株分けし、太い地下茎を傷つけないように、小株だけを切り離すのがポイントである。ただし、ハサミではなくカッターで切る。

根があって葉が数枚ある子株を、親株の付け根でカットする。

このように、カッターで切ると切断面がきれいだ。

4 防腐剤を塗る

切断面に腐敗防止のため、園芸店で入手できる防腐剤や初根促進剤（植物ホルモン）を塗っておく。

5 根を整える

親株の長く伸びた根を、植えやすい長さにカット。よけいなダメージを与えないため、子株の根は切らない。

根はハサミで同じ長さにカットする。

6 株分け終了

すべての株に防腐剤を塗って下処理をして、株分けの終了である。株分けした株が、つぎに分けられるようになるには半年以上はかかるだろう。

ひとつの親株から、これだけ多くの子株を株分けできた。

水草ガーデニングをより楽しむために
水草水槽のメンテナンス Part 5

PART 4 バリスネリア

バリスネリアはエキノドルスと同じように子株を出すが、水槽内で花を咲かせて殖えることはなく、すべて水中でランナーを出して殖える。水上葉は作らない。

1 親株を取り出す

バリスネリアはいろいろな方向にランナーを出すため、一度親株ごと水槽から出したほうが適切に作業を行うことができる。

2 ランナーを切り離す

子株のついたランナーを、取り出した親株の付け根からハサミを使って切り離す。

3 細かく切り分ける

1つのランナーにいくつも子株がついているので、細かく切り分けておく。作業は水を入れたバットなどで行うとよい。

4 余分なランナーを切り離す

子株を細かく分けるとき、よぶんなランナーはすべて切り離しておく。葉が乾いてしまわないように気をつけて行う。

5 株分け終了

根を植えやすい長さにカットし、傷んだ葉や枯れ葉もカットしてきれいにしておく。最後に、ゴミや貝の卵などを流水で洗い流しておく。

6 株分け終了

たくさんの子株が得られるが、2週間もすればまた新しい子株ができるので、選別して良株だけを残すようにする。

STEP 7 水草の病気と対策

水草の病気も早期発見・早期治療が大切。

陸上植物と同じように水草にも病気があるので、正しい対処法をおぼえておかなければならない。病気を早期発見し、早期治療をするには、毎日の観察がとても大切である。

病気の種類に合わせた正しい治療のできることが肝心。

　水草には病気になりやすい時期があり、特に夏場の高温時にはさまざまな病気が発生する。はじめは病気とわからずにただ枯れているだけと思いがちだが、水草にもいろいろな病気があって、それぞれに対処法があるのだ。一番やっかいな病気として、ウイルス性や細菌性の病気があげられ、わからずに放っておけばどんどん感染してすべて枯れてしまう。

　汚れた水では病気にかかりやすいので、常に清潔にしておくことが大切である。水草の場合は治療薬があまりないため、大切なのは病気にならないように管理することなのだ。

これは斑入りトニナとして売られている水草だが、陸上植物を育てたことのある人ならわかるだろうが、れっきとした病気？である。

水上葉に傷がついて、その場所が黄色く変色している。水中化させるときには必ずおきることなので、心配しなくてよい。

株の外側だけが枯れているのがわかるだろう。

枯れ

　「水草を買ったけどすぐに枯れた」、そんな初心者の言葉をよく耳にする。そのほとんどは適切な環境で育成されておらず、水上葉から水中葉への展開ができなくて枯れている場合が多い。二酸化炭素を添加しているか、肥料はあるか、照明は十分なのか、まずは自分の水槽は水草にとって正しい環境なのかを考えることだ。適切な環境で育成していれば、たいてい葉が1〜2枚枯れる程度であり、それは古くなった葉が枯れているだけなので特に心配はない。

　前景草によくある枯れの原因に、光量不足がある。後景の水草が大きくなりすぎて、前景草が陰になってしまい、光があたらないことが原因で枯れてしまうのだ。対策のためにも、こまめにトリミングを行うことが大切である。

水草ガーデニングをより楽しむために
水草水槽のメンテナンス Part 5

ペーハーショック

　ペーハーショックとは、著しくpH値が変化したときにおきるショック状態のことをいう。たいていは水換えを行った数日後におきる。例えば、ウィローモスの場合は水を換えたときはなんの症状もないが、数日後に白く色が抜けて枯れてしまうのだ。対策としては、水換えの際に水槽のpHを測り、水換えの水をそれに合わせて調整することだ。

細菌性根腐れ

　これはサトイモ科の水草やシダ類の水草に多く見られるもので、なんらかの原因で地下茎に傷がつき、そこに雑菌が入って腐敗してしまう病気である。特に、アヌビアスなどの株分けのあとに起こる場合が多い。対策としては、株分けの際、切り口に防腐剤などを塗って処理することでかなり防ぐことができる。pHが低いとおこりやすいので注意する。

水生シダ病

　シダ類の水草がかかるこの病気はかなり厄介で、ミクロソリウムなどでレイアウトした美しい水槽が、瞬く間に枯れてしまうほど感染力が強い。特に夏の水温が上がるころに発病するので、対策としては、水槽専用のクーラーや室内エアコンで、夏場でも水温を25℃程度になるように調整する。また、発病した株はすべての葉を切り落として感染を防ぐ。

ウイルス性感染症

　陸上植物によく見られる症状だが、水草でもまれに見られる。写真は症状のよく出たトニナであるが、これを斑入りだと勘違いしている人が多い。きれいではあるが、陸上植物でおきるバイラスとよばれる症状が出ている。いまのところ、感染した株を処分するくらいのことしか対処方法がない。感染力はあまり強くないようである。

完全版 水草ガーデニング用語解説
はじめてでもだいじょうぶ

水草ガーデニングを楽しみたいのなら、アクアリウムの用語を理解することが不可欠。ここに収録した用語は、本書に登場してくる以外に、水草、熱帯魚、そして用具などを選ぶ際にも必要だから、ぜひ役立ててもらいたい。

■ ア

アカムシ…ユスリカの幼虫で、生き餌としてよく使われる。赤い虫なのでアカムシとよばれている。冷凍物も販売されている。

アクアリウム…水族館、繁殖地、水生生物を飼育・栽培する水槽などの総称。

アクアリスト…水槽を管理する人。

アトマイザー…CO_2ボンベから送られてくるCO_2を細かくし、水槽の水によく溶けるようにする拡散器。

亜種…もとはひとつの種類だったものが、地理的な事情などで異なった遺伝子をもつようになった集団のこと。

脂ビレ…魚の背ビレのつぎに生えている、小さなヒレのこと。種類によっては、ない魚もある。

アルビノ種…突然変異で体中の色素がなくなってしまった種類のこと。目にも色素がないので、赤く見える。

アマゾン…南アメリカのアマゾン川流域一帯のこと。多くの熱帯魚の生息地である。

泡巣…ベタやグーラミィなどのオスが、泡で作る繁殖用の巣のこと。

アンモニア…魚の糞・残飯・枯れ葉などの有機物が、従属栄養細菌により分解されたもの。魚や水草には有害だが、ろ過層がうまく働いていると、ろ過バクテリアのニトロソモナスにより、亜硝酸に変化する。

アンモニウムイオン…魚の糞・残飯・枯れ葉などの有機物が、従属栄養細菌により分解されたもの。直接、魚や水草に影響はないが、pHなどの変化により、アンモニアに変化する。

生き餌…生きたままをエサとして使うもの。イトミミズ、アカムシなどが有名で、大型魚には金魚なども生き餌として与えられる。

一年草…春に種子から発芽し、夏から秋に花を咲かせて実をもち、冬になると枯れて、種子を残す植物。

イトミミズ…ドブ川などに生息する、水生のミミズのこと。生き餌としてよく使われる。

イモ類…アポノゲトンやニムファの仲間など、イモ状で根や葉を出して、休眠期をもつ植物。

ウエーブ…葉の縁がうねり、波状のラインを描くこと。

浮き草…水面に浮かぶ水生植物。

羽状脈…葉の中央に1本の太い中央脈があり、その両側に側脈が羽根状に走っている葉脈。

ウロコ…魚や爬虫類などの、体の表面を覆っている硬い小片のこと。これをもたない魚もいる。

エアストーン…エアポンプから送り込まれる空気を、細かくできる器具。いろいろな材質のものがある。

エアポンプ…水槽などに、空気を送り込むための器具。輸送に便利な、持ち運びできるタイプもある。

エアレーション…水槽内にエアポンプなどを使って、空気を送り込むこと。温度を下げる効果もある。

液肥…液状の肥料。

エッグスポット…マウスブリーダーのほとんどのオスの尻ビレにある、卵に似た斑紋のこと。産卵するメスが卵と間違えてくわえようとしたときに放精して、口内の卵を受精させるためにある。

尾くされ病…尾ビレなどが腐ってくる病気。それほど進行していなければ、薬を入れると治る。

尾ビレ…魚の尾にはえているヒレのこと。魚種によって、いろいろな形がある。特に、ソードテールなどは特徴がある。

親株…母株、マザープランツともいう。子株を作る繁殖の元になる。

■ カ

塊茎…地下茎の一部が肥大して、塊状になり、そこに貯蔵物質(でんぷん)などを蓄積する茎。

外部ろ過装置…水槽の外にホースなどをつなげて設置する、ポンプ内蔵のろ過装置。

改良品種…より美しく見せるために、人の手によって

作り出される品種。毎年・新種が生まれている。
拡散器…CO$_2$を水槽の水に添付する器具。
拡散筒…拡散器の一種。CO$_2$を筒にためて、水に溶け込ませる器具。
学名…生物の種類に付けられた、世界共通のよび名。
隠れが…岩を組み合わせたり人工物を使ったりした、魚が身を隠せる場所のこと。
活着…岩や流木などに、根がはること。
カラシン…熱帯魚を代表するひとつの仲間の総称で、ピラニアなども含まれる。
ガラスぶた…水槽のふたとして使う。保温や魚の飛び出し防止に役立つため、熱帯魚飼育には欠かせない用具。
換水…水槽の水を交換すること。
乾眠…卵生メダカの一種は、卵の時期に水から数週間出しておかないとふ化しない。この、水から出しておく期間を乾眠という。夏眠ともいう。
帰化…本来の生息地から人為的に移動され、その地に定着・繁殖するようになること。たとえばアメリカザリガニなど。
基茎部…茎の、最も下の部分。
基茎葉…基茎部から生える葉。
基質産卵…岩や流木などに粘着性の卵を産むこと。ディスカスやエンゼル・フィッシュなどが有名。
汽水…河口域のように、海水と淡水とが混ざり合う、塩分濃度が低い水のこと。
汽水魚…日本では、汽水域に一時的、またはつねに生息する魚の総称として使われている。
逆ヘッドスタンター…常時・頭を上のほうに向けている魚。たとえば、ペンシル・フィッシュなど。
逆流防止弁…エアポンプやCO$_2$ボンベを止めたときに、エアホース(耐圧ホース)から水槽の水が流れてくるのを、防止する弁。
球茎…地下茎の一種で、養分を蓄えて球形に肥大したもの。
休眠期…生物の成長・活動が一時的に停止すること。
鋸葉…葉の縁の切れ込みが「のこぎり状」であること。
グッピー…卵胎生メダカの代表。世界中で親しまれ、改良されている。
茎下部…有茎水草の、茎の下のほうの部分。
茎節…茎にある節のこと。
茎頂部…茎の先端。

茎頂葉…茎の先端から生える葉。
現地採集…棲息している場所で、魚を集め捕獲すること。
好気性バクテリア…酸素を必要とするバクテリア。ニトロソモナス、ニトロバクターなどがある。
後景…水槽の奥の景色。
光合成…植物が光とCO$_2$から、養分とO$_2$とを合成すること(炭酸同化作用)。
交雑…異なる種類のオスとメスが、かけ合わさってしまうこと(または、かけ合わせること)。たとえばモーリーとソードテールなど。
交接器…ゴノポジウムの項を参照。
光量…水槽に当てる光の量。
高光量…光量が多いこと。
硬水…硬度が10以上の水。
硬度…水に溶けている、カルシウムイオン、マグネシウムイオンなどの濃度。
高肥料…植物に必要な肥料が十分に与えられている状態。
子株…親株から殖えた株。
固形肥料…液肥に対し、固形状の肥料のこと。
枯死…植物が枯れること。
互生…葉が、茎の各節から1枚ずつ生えていること。
古代魚…昔からその姿形を変えずに、現在まで生き抜いてきた魚の総称。
ゴノポジウム…生殖時にメスの体内に精子を送り込めるように、変化したオスの尾ビレ。卵胎生メダカについている。交接器も同じ意味。オス・メスを判断するポイントになる。
コリドラス…南アメリカに棲息しているナマズの仲間。
混泳…いろいろな種類の魚を交ぜて、ひとつの水槽の中で飼育すること。
根茎…地中・地上を横に走るような茎。
根生植物…根が伸びず、基茎部からロゼット状に生える植物。

サ

サンゴ砂…珊瑚礁からできた砂。硬度やpHを上昇させる。
産卵ケース…卵胎生メダカの繁殖によく使われる小型

のケースで、水槽内に設置する。生まれた稚魚が、親魚に食べられないように工夫されている。弱った魚などを入れるときもある。

産卵筒…基質産卵タイプのディスカスやエンゼル・フィッシュなどの、産卵床として使われる筒。陶器でできていることが多い。

CO_2…二酸化炭素。

CO_2コントローラー…水槽にCO_2を添加する際、タイマーを用いて電磁弁の開閉により、添加する時間を調整する器具。

CO_2ボンベ…通常はプッシュ式で、CO_2を出すボンベのこと。

CO_2高圧ボンベ…レギュレーターを用いる、液体二酸化炭素のボンベ。

CO_2連続測定器…水槽の中に入れて、pHを測定する器具。一度水槽に設置すると、1～3週間ほどそのまま測定できるので、連続測定器という。

シクリッド…スズキ目スズキ亜目カワスズメ科に分類される魚の総称。代表的な魚はディスカス。

従属栄養細菌…ここでは、魚の糞・残飯・枯れ草などの有機物を、独立栄養細菌(ニトロソモナス、ニトロバクター)が吸収できるように、細かくするバクテリアのこと。

就眠運動…1日を周期として起こる、葉の開閉運動。特にカモンバ・ミリオフィラム・リムノフィラの仲間は、点灯していても、自分の寝る時間が来ると、葉を閉じてしまう。

上面式ろ過装置…水槽の上に設置するろ過装置。最近はいろいろと、工夫されているものが多くなってきた。

尻ビレ…魚の下側、腹ビレと尾ビレとの間にあるヒレのこと。尾ビレにつながっている種類もある。

人為分布…ある地域に本来存在していなかった種類を、人の手によりその分布を広めてしまうこと。たとえば、ブラックバスやブルーギル。

人工飼料…さまざまなものを混ぜ合わせて作られた、人工的なエサのこと。魚の種類に合わせて各種ある。

水温計…水の温度を測るための器具で、現在はデジタル式や液晶タイプなどもある。

水質…水の性質。含まれている成分により異なり、pH値や硬度など、その指標もたくさんある。

水上葉…水面より上で生えた葉。

水生植物…水辺で生育する植物の総称。

水中根…茎から水中に露出している根。

水中葉…水辺に生息する植物で、水中で育てる葉。

水槽…水を入れるなどして、生き物を飼育するための入れもののこと。いろいろな大きさ、形、材質のものがある。

スケールイーター…ほかの魚のウロコをはぎ取って食べる魚のことで、ウィンプル・ピラニアなどが有名。

スターティングプランツ…水槽をセットする際、最初に植える比較的じょうぶな水草。

スポンジフィルター…エアポンプや水中モーターで、作動させるろ過装置。稚魚を吸い込むことが少ない。

性的二型…オスとメスで体形や体色が、まったく違う魚のこと。

セイルフィン…背ビレが船の帆のように大きい種類のこと。たとえば、セイルフィン・モーリーなど。

節間…茎にできた節と節の間。

背ビレ…魚の背中についているヒレのこと。尾ビレでつながっている。

全縁…葉の縁がなめらかで、凹凸がないこと。

前景…水槽の前のほうの景色。

剪定…トリミングの項を参照。

藻類…水中に生育する、下等植物の総称。水槽の景観を損ねるこけも、この仲間。

側線…水の動きや、近くで発生した音を感じる魚類の感覚器官。体の横に線状に並んでいる。

タ

耐水チューブ…CO_2を水槽に添加する際に用いるチューブ。エアホースよりも圧力に耐えられる。

対生…葉が、茎の各節から左右に2枚出ること。

ダッチアクアリウム…オランダ式水草水槽。

体側…魚類の体の横の部分のこと。いろいろな模様があるほか、側線もついている。

炭酸ガス…CO_2の慣用名。

炭素同化作用…光合成の項を参照。

淡水…河川や湖沼など、塩分を含まない水。

淡水魚…河川、湖沼に生息している魚の総称。

チェックバルブ…逆流防止弁の項を参照。

地下茎…地中に伸びる茎のこと。

稚魚…ふ化して、成魚と同じ特徴をもった幼魚。

中景…水槽の中ほどの景色。
抽水植物…根は水底にあり、茎や葉の一部を水上に伸ばす植物。
頂芽…茎の先端に出る芽。
頂葉…茎の先端につく葉。
珍カラ…輸入量の少ない、珍しいカラシンのこと。マニアが好んで使う言葉。
追肥…肥料を追加すること。
摘みおろし…水草を殖やすためトリミングすること。
低温草…低温で生育する水草。
底床…水草が根をはれるように、水槽の底に砂利などを敷いて作る床。
ディスカス…シクリッドの仲間で円盤状の体形をしており、稚魚を、親魚の体表から出す粘液で育てることが知られている。世界中で改良されている。
低肥料…植物に必要な肥料が足りない状態。
底面式ろ過装置…水槽の底に設置するろ過装置のこと。エアポンプや水中モーターで作動させる。
テトラ…小型カラシンの仲間の総称。
テラリウム…同じ水槽内に水域と陸上域とを作ったもの。陸上域には、観葉植物などを植えることが多い。
デルタテール…三角形状に伸びる尾ビレのこと。グッピーでは一番人気のある形。
闘魚…ひとつのコップなどにオスを2匹入れると闘うことから、闘魚とよばれている。
独立栄養細菌…ここでは、従属栄養細菌が小さくした有機物(アンモニア・アンモニウム)を、亜硝酸塩に分解するニトロソモナス、亜硝酸塩を硝酸塩に分解するニトロバクターのこと。
トリミング…水草が伸びた場合に、茎や葉を切って水草の成長を調整すること。

ナ

投げ込み式…エアポンプで作動させる簡単なろ過装置のこと。
なま餌…解凍などが施されているが、なまのままのエサのこと。
ナマズ…淡水魚最大の集団を作っている魚の総称。猫のようなヒゲが特徴。
二次淡水魚…もともとは海水魚だったものが、しだいに淡水に適応して、淡水魚となった種類のこと。

ネイチャーアクアリウム…より自然を意識した水槽レイアウト。
軟水…硬度が9以下の水。
ニトロソモナス…アンモニアやアンモニウムを亜硝酸基塩に分解する細菌。妖気性バクテリアの一種。
ニトロバクター…亜硝酸塩を硝酸塩に分解する細菌。好気性バクテリアの一種。
熱帯魚…熱帯地方・亜熱帯地方に生息している魚の総称。海に生息している熱帯性海水魚と、川・池・湖などに生息している熱帯性淡水魚とに分かれる。日本ではおもに、淡水と汽水に生息する魚の総称として使われることが多い。

ハ

肺魚…肺呼吸のみで生きていくことができる、古代魚の仲間。乾季は繭を作って過ごすものもいる。
白点病…魚類の体に白い斑点ができる病気。水温を上げて薬を入れると、おおかた治る。
白変種…突然変異で体の色素がなくなり、黄色くなった魚種のこと。ただし、目は普通の色をしている。
バックスクリーン…水槽の中や外に貼る、プラスチック製などのシートのこと。アクアリウム用品のアクセサリーのひとつ。
発光バクテリア…魚類の体側に寄生するバクテリアの一種で、明るく光る。代表的なものはゴールデン・テトラである。
発情期…繁殖を行うために、オスがメスを誘う期間。ほとんどのオスは、普段よりも美しくなる。
バルダリウム…自然の湿地帯を再現するもの。アクアリウムやテラリウムは、小さな水槽内で自然を再現しているが、バルダリウムはひとつの部屋の中で自然を再現する傾向にもある。
バルブ…球茎のこと。
肥料…植物が必要とする養分。
ファンテール…大きなうちわのような、尾ビレのこと。
腹水病…腹の中に水がたまってしまう病気。
腹ビレ…魚の腹についている、1対のヒレのこと。吸盤状に変化している種類もある。
ヒドラ…水槽内に発生する原生植物。
ピラニア…人食い魚として有名な、カラシンの仲間。現在では、いろいろな種類が輸入されている。

フィッシュイーター…小魚などを主食としている魚のこと。シルバー・アロワナなどが代表的。
ふ化…卵がかえること。稚魚になり、出てくること。
節…茎から葉が出る部分。
複葉…分裂した小さな葉をもつ葉。
斑入り…葉に斑点状の模様が入っていること。
部分換水…水槽の水の一部を新しくすること。
ブラインシュリンプ…汽水に生息しているエビの一種。生まれたての稚魚に、この幼生を与えることが多い。
ブラックウォーター…タンニンが多く溶け込んでいる水質で、アマゾンに多い。人工的に再現することもできる。
プレコ…南アメリカに棲息しているナマズの仲間で、独自に進化したものの総称。
吻部(ふんぶ)…口を含めた、口先のこと。
ペア…仲のよいオスとメスのこと。シクリッドの仲間で、よく形成される。
ペーハー…水素イオン濃度を示す指数。pHと表す。pH7.0を中性として、それより数値が高い場合はアルカリ性、低い場合は酸性となる。
ペーハーコントローラー…水槽にCO_2を添加することにより、ペーハーを測定するセンサーからの信号で、電磁弁の開閉を調節し、水槽の水を設定したペーハー値にする器具。
ヘッドスタンダー…つねに頭を下に向けている魚で、リーフフィッシュなどが代表的。
ベントス食…辰砂の中に口を突っ込み、砂の中のエサをより分けて食べること。シクリッドに多い行動。

マ

マウスブリーダー…口の中で卵や稚魚を守る繁殖形態のこと。アフリカのタンガニイカ湖や、マラウィ湖に生息しているシクリッドに多い。
マザープラント…母株。
水カビ病…体に白いカビ状のものが繁殖する病気。薬を入れると、進行していなければ治る。
水草ファーム…水草を育成する農場。
耳…葉の一部が耳たぶのように膨らんでいること。
脈幅…葉脈の幅。
無茎草…葉のみで、茎をもたない水草。

胸ビレ…魚の胸についている1対のヒレのこと。ムチ状に変化している種類もある。
迷宮器官…ラビリンスの項目を参照。

ヤ

野生種…人の手を加えられることなく、自然のままに生息している種類のこと。
有茎草…底床に根をはり、水面に向かって茎を伸ばす水草。
溶存酸素量…水の中に溶け込んでいる酸素の量のこと。量が少ないと、魚は死んでしまうことが多い。エアレーションなどで増やすことができる。
葉裏…葉の裏。

ラ

ライヤーテール…尾ビレの上下が帯状に伸びる形のこと。また卵生メダカの仲間の名前でもある。
雷魚…日本に帰化しているスネークヘッドの仲間で、釣りの対象として人気がある。
ラビリンス…エラ呼吸だけでなく、空気呼吸もできる、補助呼吸器官の名称。迷宮器官ともよばれる。
ラビリンスフィッシュ…ラビリンスなどをもった魚の総称。アナバス、スネークヘッドの仲間がこれにあたる。
卵生メダカ…卵を産んで育てるメダカ。日本のメダカやアフリカン・ランプアイなどが代表的。
卵胎生メダカ…腹の中で稚魚になるまで卵を育てて、稚魚を産むメダカ。グッピーが有名。
ランナー…基茎部から新しい芽を出すために、横に伸びた枝。
輪生…茎の各節から、葉が3枚以上出ていること。
レギュレーター…CO_2・O_2などの高圧ボンベの流量を調節する器具。
ロゼット状…短い茎から葉が広がり、根から葉が出ているように見える葉のつき方。

ワ

ワグタイプ…すべてのヒレが黒いものを、ワグタイプとよぶ。ゴールデン・ワグプラティなどが有名。

水草＆熱帯魚ＩＮＤＥＸ

水草編

ア行

アグラオネマsp."ボルネオ"	115
アナカリス	96
アヌビアス・ギュレッティー	101
アヌビアス・ナナ	100
アヌビアス・ナナ"ナローリーフ"	100
アヌビアス・ナナ"プチ"	100
アヌビアス・ナナ"マーブル"	100
アヌビアス・バルテリー	101
アヌビアス・ヘテロフィラ	101
アポノゲトン・ティンヌスピカータス	116
アポノゲトン・ブロッサス	117
アマゾン・ソード	102
アマゾン・チドメグサ	91
アマゾン・フロッグピット	123
アマニア・ボンサイ	113
アラグアイア・レッドハイグロ	109
アルテルナンテラ・リラチナ	90
アルテルナンテラ・レインキー	90
アンブリア	95
イソエテスsp."リオ・ラプラタ"	113
ウィローモス	95
ウォーター・ウィステリア	87
ウォーター・カーナミン	91
ウォーター・スプライト	92
ウォーター・ナスタチュウム	92
ウォーター・バコパ	90
ウトリクラリアsp."パンタナル"	112
ウトリクラリア・アウレア	112
エイクホルニア・ディバーシフォリア	89
エキノドルスsp."シンガー"	119
エキノドルス"アフレイム"	104
エキノドルス・ウルグアイエンシス	103
エキノドルス"オゼロット・グリーン"	103
エキノドルス・ダークグリーン・ホレマニー	118
エキノドルス・テネルス・ピンク	117
エキノドルスの一種	118
エキノドルス・テネルス"ブロードリーフ"	118
エキノドルス・バーシー	104
エキノドルス・ホレマニー・オレンジ	119
エキノドルス・ホレマニー・グリーン	118
エキノドルス・ラティフォリア	102
エキノドルス"ルビン"	104
エキノドルス"レッドフレーム"	103
エビモ	97
オランダ・プラント	89

カ行

カーナミン	91
カモンバ	96
ガシャモク	97
キペルス・ヘルムシー	93
クリナム・アクアティカ"ナローリーフ"	99
クリプトコリネ・アフィニス	107
クリプトコリネ・アミコルム	106
クリプトコリネ・ウィステリアーナ	119
クリプトコリネ・ウエンティー"グリーン"	105
クリプトコリネ・ウエンティー"トロピカ"	105
クリプトコリネ・グラボウスキィ	120
クリプトコリネ・コスタータ	107
クリプトコリネ・シアメンシス	106
クリプトコリネ・スキュルゼィ	120
クリプトコリネ・ディディリッシィ	120
クリプトコリネ・トンキネンシス	107
クリプトコリネ・ネビリー	106
クリプトコリネ・ブラッシー	106
クリプトコリネ・ブルプレア	120
クリプトコリネ・ベケッティー	105
クリプトコリネ・ペッチー	105
クリプトコリネ・ボグネリー	121
クリプトコリネ・ポンテデリフォリア	107
クリプトコリネ・ロザエネルヴィス	119
クリプトコリネ・ロンギカウダ	121
クルクリゴ・カピテュラータ	116
グリーン・ロタラ	87
グロッソスティグマ・エラチノイデス	95
ケヤリ草	108
ケヤリ草（別タイプ）	108
コブラ・グラス	94

サ行

サウルルス	92
サルバドール・カールラッシュ	115
サンタレン・ドワーフニムファ	122
サンパウロ・ラージーハイグロ	109
サンパウロ・レッドアンブリア	111
シウム・フロリダヌム	116
ジャイアント・アンブリア	96
スクリュー・バリスネリア	89
スレンダー・マヤカ	110
セイロン・ヌパール"グリーン"	99
セイロン・ヌパール"レッド"	99

タ行

タイ・ニムファ	99
タイガーロータス"レッド"	122
タチモ	97
チェーン・アマゾン	102
トニナ・フルビアテリス	108
トライアングルリーフ・ヘミグラフィス	114

173

ドワーフ・マヤカ "サンパウロ"	110

ナ行
ナヤスsp."バリ"	114
ナヤス・コンフェルタ	91
ナヤス・マリーナ	114
ニムファsp."ナイジェリア"	122
ニムファ・ミクランサ	122
ニムフォリデス・テヘラン	121
ニュー・パールグラス	88

ハ行
ハイグロフィラsp."ガイアナ"	109
ハイグロフィラ・ポリスペルマ	86
ハイグロフィラ・ポリスペルマ "ブロードリーフ"	86
ハイグロフィラ・ロザエネルビス	86
バナナ・プラント	98
バリスネリア・スピラリス	89
バリスネリア・ルブラ "カールリーフ"	115
パール・グラス	88
パンタナル・ウェービーハイグロ	108
パンタナル・ナヤス	113
パンタナル・ヘミグラフィス	114
ピグミー・サジタリア	94
ピグミー・フロッグピット	123
ピグミー・マッシュルーム	94
フィジアン・ウォーターファン	117
斑入・アコルス	93
ブリクサ "ショートリーフ"	90
ヘアー・グラス	94
ヘテランテラ・ゾステリフォリア	88
ベトナム・スプライト	93
ホトニア・パルストリス	93
ボルネオ・レッドドワーフ・アンブリア	111
ボルネオファンsp.	117
ボルビティス・ヒデロッティー	98
ポリゴヌムsp."サンパウロ"	113

マ行
ミクロソリウム・プテロプス	97
ミクロソリウム "ウィンドローブ"	98
ミクロソリウム "セミナロー"	98
ミニ・マッシュルームsp."ベルー"	116
ミリオフィラムsp."スリランガ"	112

ラ行
ラージ・マヤカ	110
ラージリーフ・ハイグロフィラ	86
ラージリーフ・ロタラ・ワリッキー	110
ラゲナンドラ・ランキフォリア	115
リシア	95
リムノフィラsp."サラワク"	111

ルドウィジア・インクリナータ	88
ルドウィジア・セディオイデス	123
レッド・カモンバ	96
レッド・カモンバ "ベレン"	112
ローライマ・マヤカ	109
ロタラ・ナンシアン	87
ロタラ・マクランダ "ナローリーフ"	87
ロベリア・カージナリス	92

熱帯魚編

ア行
アピストグラマ・アガシジィ	134
アピストグラマ・エリザベサエ	134
アピストグラマ・ビタエニアータ	134
アピストグラマ・メンデジィ	134
アピストグラマ・トリファスキアータ	135
アフリカン・ランプアイ	127
アベニー・パファー	141
アメリカンフラッグ・フィッシュ	127
アルビノ・コリドラス	139
イシマキガイ	141
エンゼル・フィッシュ	135
エンペラー・テトラ	129
オトシン・ネグロ	138
オトシンクルス	138

カ行
カーディナル・テトラ	128
キッシング・グーラミィ	137
グッピー	126
グローライト・テトラ	128
ケラ・ダディブルジョリィ	133
コリドラス・アエネウス	138
コリドラス・トリリネアートゥス	139
コリドラス・ハスタートゥス	139
コンゴー・テトラ	131
ゴールデン・アルジーイーター	133

サ行
ジェリービーン・テトラ	131
スカーレット・ジェム	141
スリースポット・グーラミィ	137
スリーライン・ペンシルフィッシュ	131
セイルフィン・モーリー	126
ソード・テール	127

■ タ行

チェッカーボード・シクリッド	135
トラディショナル・ベタ	136
トランスルーセント・グラスキャット	139
ドワーフ・グーラミィ	137
ドワーフ・ペンシルフィッシュ	131

■ ナ行

ナノストムス・ベックフォルディ	130
ニューギニア・レインボー	140
ネオン・テトラ	128
ネオンドワーフ・レインボー	140

■ ハ行

ハーフオレンジ・レインボー	140
ハイフィン・ヴァリアタス	127
ハセマニア	130
バタフライ・レインボー	140
パール・グーラミィ	137
パピリオクロミス・ラミレジィ	135
パロトキンクルス・マクリカウダ	138
ファイヤー・ラスボラ	133
ブラック・モーリー	126
ブラックネオン・テトラ	128
ブラックファントム・テトラ	129
プラティ	126
ベタ・イムベリス	136
ベタ・コッキーナ	136
ベタ・フォーシィ	136
ペンシル・フィッシュ	130
ボララス・ブリジッタエ	132

■ マ行

マーサ・ハチェット	130
ミクロラスボラ・エリスロミクロン	132

■ ヤ行

ヤマトヌマエビ	141

■ ラ行

ラスボラ・アクセルロッディ "ブルー"	132
ラスボラ・ヘテロモルファ	132
ラミーノーズ・テトラ	129
レインボー・テトラ	129
レッドフィン・レッドノーズ	133

文	高島 実
撮影・文	佐々木浩之
編 集	m.piko
編集協力	Elephanon
	倉田優子
DTPデザイン	石尾典枝
装 丁	菊谷美緒
イラスト	nagomic
撮影協力	GREEN COLLECTION
	TROPICAL GARDEN
	MIZUKUSA倶楽部
	ワールドフィッシュ
	TOKYO Sun Marine

㈱阿蘇熱帯魚
㈱リオ
MONSTER AQUARIUM
ペレン
メダカ館 Part 1
ピゥデー熱帯魚センター
ウチダ熱帯魚
銀座松坂屋熱帯魚売場
奥津匡倫
高井 誠
伊藤太乙
木村孝則
原田 彪

商品問い合わせ先

㈱アクアデザインアマノ☎0256-72-1994
㈱E&Sクリエイション☎0543-66-4568
㈱砥インターナショナル☎03-3415-5411
コトブキ工芸㈱☎0723-33-2208
水作㈱☎03-3655-0763
㈱スドー☎052-936-4891
㈱セラ ジャパン☎045-913-3737
デュプラジャパン☎06-6719-7172
トリオコーポレーション☎06-6363-3110
㈱ニッソー☎03-3884-2611
ワーナー・ランバート㈱☎03-3794-9977

＊商品問い合わせ先の電話番号が変更される場合もあります。
どうぞご了承ください。

◆著者紹介
高島　実（たかしま　みのる）
1969年生まれ
昆虫から爬虫類などあらゆる生物に精通し、特に熱帯魚・水草の知識、飼育・繁殖技術には定評がある。
現地採集も数多く行い、それらの情報をアクアライフ誌上などに寄稿している。なかでも本書カメラマンとともに発表したクリプトコリネの水上栽培法の記事は、現在のクリプトコリネ・ブームの火付け役となった。
現在GREEN COLLECTION（グリーン・コレクション☎03-3674-4630）主宰。

◆著者紹介
佐々木浩之（ささき　ひろゆき）
1973年生まれ
小型で美しい熱帯魚を中心に撮影を行うフリーの写真家。その魚のベストな体色と動きのある写真に定評がある。幼少より水辺の生物に興味をもち、10歳で熱帯魚の飼育を始める。東南アジアなどの現地で実際に採集、撮影を行い、それら実践に基づいた飼育情報や生態写真をアクアライフ誌上、アクアマガジン誌上、アクアウェーブ誌上で発表している。ほかにもフィッシング雑誌などで水中撮影も行っている。
主な著書に、世界の熱帯魚カタログ、熱帯魚・水草　楽しみ方BOOK（以上、成美堂出版）、熱帯魚の飼い方入門（金園社）、トロピカルフィッシュ・コレクション6南米小型シクリッド（ピーシーズ）などがある。

はじめての　水草ガーデニング

文	高島	実
写真	佐々木 浩之	
発行者	深見 悦司	
印刷所	株式会社 東京印書館	

発行所
成美堂出版
〒112-8533 東京都文京区水道1-8-2
電話(03) 3814-4351　振替 00170-3-4466

© Minoru Takashima & Hiroyuki Sasaki 2001

PRINTED IN JAPAN
ISBN4-415-01677-4

落丁・乱丁などの不良本はお取り替えします
●定価はカバーに表示してあります